Jacob Burckhardt-Gespräche auf Castelen

Band 44

Michael Erler

Lustkalkül, Askese und Weltoffenheit

Epikurs Lehre im Spannungsfeld von Tradition und Innovation

Schwabe Verlag

Die Jacob Burckhardt-Gespräche auf Castelen
wurden im Rahmen der Römer-Stiftung Dr. René Clavel
begründet von Dr. iur. Dr. phil. h. c. Jacob Frey-Clavel.

Bibliografische Information der Deutschen Nationalbibliothek
Die Deutsche Nationalbibliothek verzeichnet diese Publikation in der Deutschen Nationalbibliografie; detaillierte bibliografische Daten sind im Internet über http://dnb.dnb.de abrufbar.

Umschlaggestaltung: icona basel gmbh, Basel
Cover: STROH Design, Kathrin Strohschnieder, Oldenburg
Korrektorat: Jan Urbich, Leipzig
Satz: textformart, Daniela Weiland, Göttingen
Druck: Hubert & Co., Göttingen
Printed in Germany
Herstellerinformation: Schwabe Verlag, Schwabe Verlagsgruppe AG, Grellingerstrasse 21, CH-4052 Basel, info@schwabeverlag.ch
Verantwortliche Person gem. Art. 16 GPSR: Schwabe Verlag GmbH, Marienstraße 28, D-10117 Berlin, info@schwabeverlag.de
ISBN Printausgabe 978-3-7965-5378-3
ISBN eBook (PDF) 978-3-7965-5379-0
DOI 10.24894/978-3-7965-5379-0
Das eBook ist seitenidentisch mit der gedruckten Ausgabe und erlaubt Volltextsuche. Zudem sind Inhaltsverzeichnis und Überschrift en verlinkt.

rights@schwabe.ch
www.schwabe.ch

Inhalt

1. Jacob Burckhardt und Epikur

Jacob Burckhart, der große Basler Gelehrte und Namenspatron jener Gesprächsrunden, an denen ich die Ehre hatte teilzunehmen, behandelt in seiner *Griechischen Kulturgeschichte* auch die antiken Philosophen, wobei ihn weniger der «jeweilige Grad ‹objektiver Wahrheit› philosophischer Erkenntnis» als das ‹Dasein der Philosophie als Element des griechischen Lebens› interessiert. Besonders beeindruckt ihn die von Epikur propagierte Lebensform, vornehmlich Epikurs Rückzug aus einer als defizitär empfundenen Lebenswelt, der Polis, ins Private.[1] Epikurs Aufforderung, sich am traditionellen politischen Geschäft nicht zu beteiligen (*me politeuesthai*) wird als Ausdruck pessimistischer Skepsis[2] gegenüber Menschen und Gesellschaft gewertet. Burckhardt sieht in Epikur den ‹Archetypen› eines freien Menschen, der mit Blick auf die eigenen Interessen lebt und dadurch zur Kontinuität der griechischen Kultur beigetragen habe.[3]

Burckhardts Wertschätzung Epikurs ist als Rezeption der epikureischen Tradition bemerkenswert. Denn Burckhardt versteht Epikur als Vertreter einer Lebensform, die nicht nur eine besondere philosophische Lehre, sondern die Fähigkeit auszeichnet, diese Lehre in jeder Situation des Lebens zur Maxime praktischen Handelns werden zu lassen. Diese Sichtweise antizipiert in gewisser Weise, was später Pierre Hadot[4] als Aspekt antiker Philosophie allgemein und der epikureischen Tradition insbesondere prominent und fruchtbar gemacht hat.

1 Vgl. Burckhardt (1957), Bd. VII, 348; vgl. Walter (2006), 107–111.
2 Vgl. Diog. Laert. 10,119.
3 Vgl. Timpe (2006), 146 f.
4 Hadot (1991), 13–47.

Diesen Gesichtspunkt der philosophischen Lebensform Epikurs möchte ich aufgreifen. Ich werde mich dabei auf ein zentrales Element dieser Lebensform konzentrieren, das sogenannte *Lustkalkül*, das fragt, inwiefern konkrete Lebenssituationen dem Streben nach Lust, verstanden als innere Ausgeglichenheit (*ataraxia*), äußere Unversehrtheit und innere wie äußere Sicherheit, zuträglich sind. Dieses *nüchterne Abwägen* (*nephon logismos*) – wie Epikur es nennt[5] – ist von besonderem Interesse, geht es doch nicht nur um ein einfaches Wählen oder Meiden von Lustmomenten, sondern auch um die Bewertung von Herausforderungen im Leben, die als schmerzlich und deshalb eigentlich nicht förderlich für das erstrebte Glück empfunden werden. Auch Schmerzen und negative Herausforderungen im Leben sollen demnach daraufhin abgewogen werden, ob aus ihnen letztlich nicht doch positiv Lustvolles folgen kann und unter welchen Bedingungen dies der Fall ist – auch für diese negativen Aspekte gilt eine situative Endabrechnung (*symmetresis*).[6]

Gerade in diesem Bereich kommt es innerhalb der epikureischen Traditionen zu interessanten Reflexionen und Neubewertungen, die als zuträglich für das eigene Glück erweisen, was für sich genommen zunächst negativ wirkt. Ich möchte deshalb dafür plädieren, bei dem Lustkalkül nicht nur das Abwägen von negativen Herausforderungen in den Blick zu nehmen – wie das gemeinhin geschieht –, sondern zu berücksichtigen, dass es sich auch um ein Kalkül von lebensweltlichen Gegebenheiten handelt, die für sich genommen als schmerzhaft und nicht glückzuträglich angesehen werden. Dieses Kalkül des Negativen oder Schmerzhaften als Aspekt des ‹nüchternen Abwägens› scheint mir besonders interessant. Denn es ist oft mit einer *interpretatio Epicurea* lebensweltlicher Gegebenheiten verbunden und eröff-

5 Vgl. Ep. epist. Men. 132.
6 Vgl. Ep. epist. Men. 129.

net Perspektiven, die vielleicht sogar für uns heute noch von Interesse sein können.

Anlass für meine Überlegungen soll eine Bemerkung J. Burckhardts in der *Griechischen Kulturgeschichte* sein.[7] Gleichsam beiläufig erwähnt er, dass Epikureer bei aller Ablehnung von traditioneller Politik ein politisches Engagement für akzeptabel halten. Burckhardt selbst geht darauf nicht weiter ein. Ich möchte jedoch gerade hier einsetzen. Denn eine solche Nachricht über eine Positionierung, die einer angeblichen fest etablierten epikureischen Auffassung nicht zu entsprechen scheint, muss mit Blick auf die oftmals und schon in der Antike behauptete Starrheit und Inflexibilität der epikureischen Orthodoxie verwundern. Der Neupythagoreer Numenios vergleicht die Schule mit einem Staat, der ohne inneren Aufruhr existiert und dessen Mitglieder immer eines Sinnes sind.[8] Vor diesem Hintergrund muss die die hier angedeutete Abweichung irritieren, zumal sie keineswegs singulär ist. Auch bei anderen zentralen Bereichen des gesellschaftlichen Lebens, die von den Epikureern an und für sich kritisch beurteilt werden – wie z. B. Theologie oder traditionelle Bildung (*paideia*) – finden wir nicht zuletzt dank neuedierter Papyruszeugnisse aus Herculanum[9] Ausführungen, die zu der grundsätzlich kritischen Haltung Epikur und seiner Schule nicht recht zu passen scheinen.[10]

Die Frage drängt sich auf, wie dieser Umstand zu bewerten ist. Handelt es sich um Zeugnisse innerschulischer Ab- oder Aufweichung der traditionellen Dogmatik, oder eher um punktuellen Opportunismus? Oder sollten nicht besser wir unser Bild von

7 Vgl. Burckhardt (1957), Bd. VII, 365 mit Anm. 258 (dort Verweis auf Plut. tranq. 2, 465f–466a).

8 Vgl. Numenios frg. 24,22–36, bes. 33–36 des Places (= des Places 1973).

9 Zu technischen Entwicklungen der Lesungen herculanensischer Papyri vgl. Fleischer (2022).

10 Vgl. dazu Erler (1992).

der epikureischen Tradition insgesamt modifizieren, ein Bild, das nicht selten immer noch geprägt ist von antiker, vornehmlich ciceronianisch-christlicher Polemik.

Ich möchte für Letzteres plädieren und bei diesen ‹Zeugnissen für Un-orthodoxes› einen Zusammenhang mit jenem Grundelement epikureischer Lebensform, jenem ‹nüchternen Abwägen›, und insbesondere dem ‹Schmerzkalkül› herstellen, das offenbar Neubewertungen auch solcher Herausforderungen der Lebenswelt impliziert, die zunächst nicht förderlich für das eigene Glück zu sein scheinen. Eine entsprechende Würdigung des Lust- oder Schmerzkalküls hilft nicht nur, angeblich Widersprüchliches besser einzuschätzen. Epikurs Lehre erweist sich dann nämlich als eine Lebensform, deren praktische Ethik sich nicht durch starre Orthodoxie und Abschottung, sondern durch Flexibilität und Offenheit gegenüber der Welt auszeichnet, ja in ihr eine Art Textbuch sieht, dessen aufgeklärte und aufklärende Lektüre das individuelle Glück fördern will und kann. Epikurs Philosophie fungiert gleichsam als eine *philosophia explicans*, das Lust- bzw. Schmerzkalkül als ein zentrales hermeneutisches Hilfsmittel, um mit irritierenden Herausforderungen so umzugehen, dass sich diese unter bestimmten Konditionen sogar als glücksfördernd erweisen können, Konditionen, die sich eben bei *nüchternem Abwägen* ergeben. Dieses Abwägen und die damit verbundene Flexibilität tragen zu jener inneren Freiheit Epikurs bei, die Jacob Burckhardt zu Recht preist und die vielleicht auch für uns heute Anregungen bieten kann. Dies möchte ich im Folgenden zunächst allgemein zu begründen und dann an drei Beispielen zu erläutern versuchen.

2. Norm und Situatives Handeln (*kairos*)

Wie griechische Philosophie allgemein möchte auch Epikur zum individuellen Glück der einzelnen Menschen beitragen. Glück wird von Epikur nicht im modernen Sinne als Ansammlung von subjektiven Glücksmomenten, also als Privatsache und somit als eine Frage individuell-subjektiver Empfindung verstanden. Epikur sieht Glück vielmehr als Erfüllung eines sinnvollen Lebensentwurfes, als ein gelingendes Leben, das neben Höhen durchaus auch Tiefen umfassen kann. Es geht um *Eu-daimonia*, also um Begleitung durch einen guten Dämon. Epikur sieht in diesem Daimon keine fürsorglich-göttliche Instanz, die von außen wirkt, sondern er verlagert diese Instanz in den Menschen selbst. Glück im Sinne von Eudaimonie wird als machbar empfunden. Epikur versteht sich nicht als Lebenskünstler, sondern als Lehrer einer Lebenskunst (*ars vitae*), die darüber aufklärt, wann und wie man sich von der Welt nicht irritieren und durch Tod oder die Götter nicht in Furcht versetzen lassen muss. Epikureische Naturerklärung (*physiologia*) und erkenntnistheoretische Überlegungen sollen beunruhigende Faktoren ausschalten, indem sie Unbekanntes verständlich machen, Unerreichbares als irrelevant und Unvermeidbares als akzeptabel erweisen. Die Naturlehre wird auf diese Weise zu einem Teil der praktischen Ethik, insofern sie durch entsprechende Erörterungen und Analysen der Natur Hilfe zur Selbsthilfe bietet und das Streben nach einem glücklichen Leben unterstützt.[11] Aufklärung und Seelentherapie sind deshalb zwei wesentliche Merkmale der als Lebenskunst (*ars vitae*) verstandenen Lehre Epikurs, die dazu dienen soll, die Men-

11 Vgl. Ep. epist. Hdt. 35; frg. 219 Us. (= Usener 1887).

schen durch Aufklärung über die wirklichen Naturabläufe von falscher und daher unnötiger Furcht zu befreien. Epikurs Philosophie versteht sich also als eine ‹heilende Philosophie› (*philosophia medicans*).[12] Dieser aufklärende Heilungsprozess soll durch beständig übende Praxis gestärkt werden. Beständiges Wiederholen des als richtige Erkannten dient dazu, Erkenntnisse zum Teil des eigenen Habitus und damit zur Grundlage eigenen Handelns zu machen.[13] Wer seine Lehre und seine Anweisungen Tag und Nacht überdenkt, so versichert nämlich Epikur, wird «niemals, weder im Wachen noch im Schlafen, beunruhigt werden, und wird unter den Menschen leben wie ein Gott»[14]. Es geht also um eine Art Selbstvergöttlichung des Menschen, insofern dieser sich selbst durch Aufklärung Sicherheit und innere Ruhe bereitet.[15]

Mit Blick auf dieses Ziel wertet Epikur alles ab, was zum Erreichen der *Eudaimonie* nicht unmittelbar notwendig scheint. Er unterscheidet deshalb notwendiges Begehren, das natürlich und daher erfüllbar ist, von unnötigem Begehren, das man nicht zu befriedigen braucht. Luxus z. B. ist irrelevant,[16] und Schmerz tritt auf, wenn notwendige und natürliche Begierden nicht erfüllt werden. Zudem instrumentalisiert Epikur die Dreiheit der philosophischen Disziplinen Logik, Physik und Ethik, und ordnet Logik und Physik der Ethik unter. Die Naturlehre wird somit zwar zur Dienerin der Praxis, behält aber einen hohen Stellenwert, da Glück ohne Naturerklärung nicht möglich ist.

> «Es ist nicht möglich, ohne Naturforschung (*physiologia*) unbeeinträchtigte Lustempfindungen zu erlangen.» (Üb. Krautz)[17]

12 Vgl. Gigante (1975).
13 Zum Aspekt der Übung Erler (2018).
14 Vgl. Ep. epist. Men. 135. Übersetzung Heßler (2014).
15 Vgl. Lucr. De nat. 5,8; Ep. epist. Men. 135; vgl. Erler (2002), 167–179.
16 Vgl. Ep. epist. Men. 127; frg. 456 Us.
17 Vgl. Ep. KD XII. Übersetzung Krautz (1980).

Eine derartig rational-praktische Lebensführung, die auf einer Analyse der natürlichen Abläufe in der Welt beruht, soll zum Erfolg beitragen. Epikurs Lebensweise, seine innere Ausgeglichenheit oder Lust, die er noch auf dem Sterbebett bewies, wie uns ein Brief aus seinen letzten Stunden eindrücklich zeigt, galten nicht nur eingefleischten Epikureern als Beleg, dass dieses Ziel erreichbar ist. Sogar sein Erzgegner Cicero fand den Brief so beeindruckend, dass er ihn ins Lateinische übersetzte.[18] Bildnisse Epikurs und seine Texte sollten seine Anhänger immer daran erinnern, dass Epikurs philosophische Vorgaben nicht nur zu Glück führen sollen, sondern dass Menschen dieses Ziel mit ihrer Hilfe in der Lebenswirklichkeit erreichen können. Sie sollen dazu ermutigen, stets so zu handeln, als ob Epikur sie bei ihren Handlungen beobachte. Deshalb trugen manche Epikureer Ringe mit Abbildern Epikurs oder gab es Bildnisse von ihm.[19]

Epikur formuliert in einem seiner sogenannten Hauptlehrsätze (*Kyriai doxai* = KD) eine zentrale Vorgabe für das Erreichen von Glück und innerer Ausgeglichenheit.

In KD 25 heißt es:

> «Wenn du nicht in jeder Entscheidungssituation (*kairos*) jede einzelne Handlung auf das unserer Natur entsprechende Ziel (*telos tes physeos*) zurückbeziehst, sondern zuvor abbrichst, indem du dein Meiden (*phyge*) oder Streben (*dioxis*) an etwas anderem ausrichtest, so werden deine Handlungen (*praxeis*) nicht zu deinen Überlegungen (*logoi*) stimmen (*akolouthoi*).» (Ep. KD 25, Üb. Krautz mit Modifikationen)[20]

Gewiss, von Glück ist hier nicht direkt die Rede, wohl aber von einer zentralen Vorgabe, es zu erreichen: Jeder Mensch soll demnach in jeder Lebenssituation (*kairos*) Entscheidungen treffen, dieses zu wählen oder jenes zu meiden, wobei er oder sie sich

18 Vgl. Diog. Laert. 10,22 = frg. 138 Us.; Cic. fin. 2,96.
19 Vgl. Sen. epist. 25,5; dazu Erler (1994), 63–64.
20 Vgl. Ep. KD 25.

am ‹*telos* der Natur› – wie Epikur sagt – orientiert. Dann komme es zu einer Übereinstimmung von Reden und Handeln, welche Epikur als Voraussetzung für ein glückliches Leben gilt. Mit dieser Vorgabe verbindet Epikur, der sich gern als Innovator und ‹Selbstlerner› präsentiert,[21] Vorstellungen populärer Ethik mit einem neuen, eigenen Aspekt.

Traditionell ist, dass Epikur die Rolle des richtigen Augenblickes (*kairos)* für das gelingende Leben betont: Jede einzelne Situation zählt; Horaz' Aufforderung ‹carpe diem› – genieße den Tag – kommt in den Sinn.[22] Die Frage wie man den Kairos ‹am Schopfe packt› und richtig entscheidet, war ein seit dem 5. Jh., sei es in Sophistenkreisen, im Drama, bei Platon oder in der Kunst vieldiskutiertes Problem.[23]

Traditionell ist auch Epikurs Forderung, in jeder Situation müsse es um Übereinstimmung von Reden und Handeln gehen, damit ein Leben angemessen und glücklich ist. Platons Dialoge z. B. thematisieren und illustrieren diese alte Vorstellung in Alltagssituationen, in der Überzeugung, dass eine Übereinstimmung Aufschluss über die ethische Qualität der jeweiligen Person gibt. Seine Dialoge führen vor, dass und wie man scheitert, wenn es zu Divergenzen kommt. Mit der Figur des Sokrates hingegen demonstrieren sie, dass und wie konsequente Übereinstimmung von Reden und Handeln zur *Eudaimonia* beiträgt, und dass hierfür eine angemessene Beurteilung der jeweiligen Situation notwendig ist. Sokrates verlangt, dass man sich dabei nicht an der jeweiligen Situation und an einer jeweiligen Durchsetzungsfähigkeit orientieren darf, wie dies z. B. in Platons Dialog *Gorgias* der Machtmensch Kallikles als Prototyp aller Populisten der Welt glaubt. Ein solches Handeln mache zum Sklaven der

21 Erler (2011), 14–22.
22 Vgl. Hor. carm. 1,1.
23 Vgl. Erler (2022), 104–114.

Situation und führe zwangsläufig zu Selbstwidersprüchen beim Reden und Handeln, und damit zu Unglück. Grundlage müssten vielmehr übergeordnete, nicht situationsgebundene Normen sein, die Platon in transzendenten Ideen findet.[24]

In dieser Hinsicht schließt sich Epikur Platon an, wenn er fordert, sich beim situativen Wählen und Meiden stets an der Natur (der Menschen) als eine übergeordnete Norm (*kanon*) zu orientieren. Anders als Platon findet Epikur jedoch diese übergeordnete Norm nicht in der Transzendenz, sondern in der Natur der agierenden Menschen selbst. Hier eine allgemeine Norm zu vermuten, mag befremden. Und natürlich weiß auch Epikur, dass die Menschen unterschiedlich sind. Doch – so seine Überzeugung – die Natur selbst lehre, dass es bei allen Unterschieden eine Konstante in der menschlichen Natur gebe: Alle Menschen haben von Natur ihr Glück zum Ziel – Telos –, verstanden als Lust im Sinne von innerer Ausgeglichenheit (*ataraxia*), körperlicher Unversehrtheit und innerer und äußerer Sicherheit – gleichsam als eine gemeinsame Naturkonstante und damit als unverrückbarer Maßstab für jede Entscheidung in jeder Lebenssituation, also für jedes Wählen und Meiden. Epikur hält das für evident und so gewiss wie den Umstand, dass Schnee weiß und Honig süß ist.[25] Er ist überzeugt: Die Natur selbst verkünde diese *Norm* für ein angemessenes situatives Wählen und Meiden – denn der Blick auf die unverstellte Reaktion von Kleinkindern zeige, dass man von Natur nach Lustvollem strebe. Man müsse der Natur nur richtig zuhören.[26]

24 Vgl. Erler (2024), 219–224. Es geht um die Frage des performativen Widerspruchs zwischen Theorie und Praxis, der im philosophischen Streit als polemische Waffe dient und von Platon in den Dialogen meisterhaft inszeniert wird. Vgl. z. B. Plat. Euthyd. 275d–277c.

25 Vgl. Cic. fin. 1,30; Ep. epist. Men. 128; Brunschwig (1986).

26 Vgl. Long (1986), 297.

Epikurs Hedonismus ist also keine philosophische Theorie neben anderen, für die es nur nach Ansicht Epikurs stärkere Argumente im philosophischen Diskurs gibt. Epikur inszeniert sich vielmehr als Schüler einer normgebenden Natur, der aufgreift, was er von der Lehrerin erfährt. Die Frage für ihn ist weniger, ob sich die Dinge wirklich so verhalten, wie es die Natur verkündet, sondern zu verstehen, was die Natur mit ihrer Botschaft meint. Denn es ist klar, dass die Menschen oft nicht richtig verstehen, was sie von der Natur hören, z. B. was unter jener Lust zu verstehen ist, nach der sie von Natur streben, oder ob Schmerz wirklich unter jedem Gesichtspunkt etwas Negatives ist, das gemieden werden sollte. Es geht also um ein richtiges Verständnis der Welt oder Natur, die – wie D. Furley es einmal formulierte – nach Epikur mit epikureischem Akzent spricht und alles für die Menschen bereithält, was sie brauchen.[27] Die Natur ist für die Epikureer also ihre Lehrerin, die Epikureer selbst verstehen sich als ihr Exeget, ihre Philosophie als eine *philosophia explicans*. Epikur Verdienst liegt also weniger im Entdecken von Neuem und Originellen, sondern im Wieder- entdecken und Auslegen schon vorhandener Erkenntnis und in der Klärung, wie verstanden werden muss, was man erkennt.

Freilich, Epikur weiß auch, dass die Menschen oft eben nicht richtig hinhören und deshalb missverstehen, was die Natur zu sagen hat, und deshalb unglücklich werden. Manche glauben z. B. es gehe bei dem Luststreben, das die Natur dem Menschen vorgibt, um eine Lust, die mehr dem Magen als der Vernunft verpflichtet ist, die sexuelle Ausschweifung legitimiert und hemmungsloses Ausleben eigener Bedürfnisse predigt, der es also um Quantität statt Qualität der Lust geht.[28] Das aber, so ist Epikur überzeugt, meine die Natur eben nicht. Schon die Notwendig-

27 Vgl. Ep. KD 15; Furley (1977), 9.
28 Vgl. Ep. epist. Men. 132.

keit, unter Lustangeboten auszuwählen und abzuwägen zu müssen und dabei mit Hilfe des praktischen Verstandes (*phronesis*) vorgehen zu sollen, zeigt nach Epikurs Ansicht, dass nicht richtig zugehört hat, wer meint, es gehe beim Streben nach Lust um eine bloß additive Lustmaximierung.[29]

Die Natur also als Lehrerin und Epikur als ihr von rationalen Überlegungen geleiteter Exeget, der zuhören, Missverständnis beseitigen und die Natur richtig erklären kann.[30] Dabei hilfreich zu sein sieht Epikur als Aufgabe und Verdienst seiner Philosophie an. Als *philosophia explicans* dessen, was lebensweltlich begegnet, soll sie helfen, genau hinzuhören und zu verstehen, was die Natur uns sagen will. Wenn wir im Leben mit gesellschaftlichen und kulturellen Herausforderungen oder irritierenden Naturerscheinungen konfrontiert werden, müssen wir beurteilen, ob sie wirklich hinderlich für unser Glück sind, oder ob sie unter bestimmten Gesichtspunkten nicht auch zuträglich sein können. Derartige situative Entscheidungen für ein Wählen oder Meiden ist für ein Streben nach Lust also Glück von entscheidender Bedeutung.

29 Vgl. Erler/Schofield (1999), 648–663.
30 Vgl. Lucr. De rer. nat. 5,5–12.

3. Rationales Abwägen (*calculus*) als hermeneutisches Hilfsmittel

Epikur sieht also die Menschen immer wieder an einem Scheideweg bei einer Lebensentscheidung wie es Xenophon von Herakles' berichtet, der sich zwischen Frau ‹Lasterhaftigkeit› und Frau ‹Tugend› entscheiden muss.[31] Sokrates will mit der Geschichte dazu raten, nicht den leichtesten Weg zu gehen. Eben darum geht es auch Epikur mit seiner Aufforderung, dass jeder Mensch im Leben immer wieder abwägen und eine Wähl treffen müsse. Bei ihm erweist sich diese Wahl nicht wie beim mythischen Heros als eine einfache Entscheidung zwischen gut und schlecht, Lust und Schmerz. Die Herausforderung für die Menschen, wie Epikur sie sieht, ist komplexer. Auch wenn jede Lust an sich gut ist, folgt für Epikur daraus nämlich nicht automatisch, dass man sie auch wählen soll, um das eigene Glück zu fördern. Weingenuss z. B. ist an sich zwar lustvoll, dies aber nicht in jeder Situation – z. B. als Autofahrer –, und ein Zuviel noch so guten Weins hat negative Folgen. Neben der Situation gehört demnach zum erforderlichen Abwägen auch ein Blick auf die Folgen. Was für sich genommen lustfördernd scheint, kann sich als lustmindernd erweisen, wen man die Folgen bedenkt. Mit seinem Postulat, bei der Bewertung von Gegebenheiten auch die Folgen zu beachten, bedient sich Epikur eines Elementes traditioneller Pädagogik. Wie wir z. B. bei Platon lernen,[32] war es üblich, dass Väter ihren Söhnen den Wert von Tugenden wie Gerechtigkeit ans Herz legen, indem sie deren Blick auf die Folgen eines entsprechenden Handelns rich-

31 Vgl. Xen. mem. 2,1,21–34.
32 Vgl. Plat. rep. 362e–365a.

ten, auf Lohn oder Strafe im späteren Leben oder im Jenseits, eine didaktische Methode, die schon bei Hesiod im Lehrgedicht *Werke und Tage* oder in Homers Gedichten literarisch zu finden ist. Auch Epikur setzt die pädagogische Methode ein, um herauszufinden, ob etwas wirklich dem eigenen Glück zuträglich ist, wenn es lustvoll scheint. Alles dies verdeutlich, dass es Epikur um ein reflektiertes Reagieren auf Lustangebote, um ein ‹nüchternes Abwägen› (*nephon logismos*) geht. Wir sprechen heute gerne von einem ‹Lustkalkül›.[33] Freilich kann dieser Begriff ‹Lustkalkül› als Etikett für diesen Abwägungsprozesses insofern irreführend sein, als er suggeriert, es gehe dabei nur um Beurteilung von Positivem, also Lustmomenten. Doch ist wichtig, bei diesem Abwägen auch im Blick zu haben, was für sich genommen zunächst schmerzhaft, d. h. nicht glücksfördernd zu sein scheint. Denn das von Epikur formulierte Kalkül fordert, alles, was einem begegnet, auf Glückszuträglichkeit zu prüfen, sowohl zu befragen was positiv und lustvoll scheint, ob es dies wirklich ist – als auch das, was schmerzhaft scheint, daraufhin zu untersuchen, ob und wie es nicht dennoch zum Glück beitragen kann. Letzteres geschieht mit Blick auf mögliche Folgen. Denn bisweilen mag aus solchem, das negativ und schmerzhaft ist, durchaus etwas folgen, das zu einem guten Leben in Lust und Sicherheit beitragen kann.[34] Auch bei Negativem oder Schmerzhaftem ist abzuwägen, ob es wirklich gemieden werden soll, oder ob es unter bestimmten Bedingungen auch als glückzuträglich und daher wählbar angesehen werden kann.

Gerade diese Überlegung nun spielt bei der praktischen Auseinandersetzung der Epikureer mit unterschiedlicher Lebenswirklichkeit eine große Rolle. Sie kann zudem erklären, dass und warum Epikurs Lehre flexibler, lebensnäher und anpassungs-

33 Diog. Oen. frg. 34 Smith (= Smith 1993).
34 Ep. epist. Men. 129.

fähiger ist als oft angenommen wird, und warum manche Aussagen in der epikureischen Tradition für sich genommen zwar widersprüchlich scheinen mögen, es aber in Wirklichkeit nicht sind, wenn man bedenkt, dass es sich um die Resultate jeweils situativer und durch bestimmte Kontexte bedingter Abwägungen handelt.

Ich möchte deshalb im Folgenden den Focus auf dieses ‹Schmerzkalkül› richten und zunächst mit Hilfe einer Anekdote aus dem Leben Abraham Lincolns[35] illustrieren, worum es dabei geht.

Als junger Rechtsanwalt – so erfahren wir – ritt Lincoln mit einem Kollegen umher auf der Suche nach Aufträgen. Einmal kam es beim Ritt über die von Regen aufgeweichten Straßen zu einem Disput. Lincoln vertrat die These, alle Menschen handelten aus dem Wunsch heraus, Lust zu erlangen und Schmerz zu meiden. Der Freund behauptet das Gegenteil – Menschen handelten aus altruistischen Motiven heraus. Während ihrer Diskussion sahen sie ein Schwein im Schmutz liegen, das sich nicht bewegen konnte und verzweifelt quiekte. Lincoln hielt an, stieg ab und befreite das Schwein, wobei er sich natürlich sehr schmutzig machte. Da lachte der Kollege: «Da hast du's, Lincoln; soeben hast du deine Theorie, deine Worte durch deine Handlung widerlegt» – da kontert Lincoln: «Keineswegs, denn hätte ich dem Schwein nicht geholfen, würde ich mich den ganzen Tag schlecht fühlen».

Diese Anekdote belegt Lincolns Schlagfertigkeit, zeigt aber auch, dass er Jeremy Benthams *An Introduction to the Principles of Morals and Legislation* gelesen hatte, jene Bibel der Utilitaristen im 18. und 19 Jh. (1748–1832),[36] der es um das Glück der größten Zahl an Menschen geht und die nachgewiesenermaßen einen stark epikureischen Einfluss erkennen lässt.

35 Zitiert bei Allen (1991), 68 f.
36 Vgl. Long (2020), 745–759.

Die Anekdote illustriert zudem, was Epikur in der oben angesprochenen Sentenz vorgibt: In einer herausfordernden Situation (*kairos*) wägt Lincoln mit nüchterner Überlegung ab. Er lässt sich von einem Bedürfnis nach innerer Ausgeglichenheit (*ataraxia*), also von dem unserer Natur entsprechenden Ziel (*telos tes physeos)* leiten. Dieses rationale Abwägen, das auch Schmerzhaftes und Negatives betrifft, führt ihn dazu, einen für sich genommen negativen Sachverhalt – schmutzig zu werden – mit Blick auf die Folgen als zuträglich zum Glück – ein ‹gutes Gefühl› – in Kauf zu nehmen. Diese Be- und Umwertung erfolgt also mit Blick auf die Folgen seines Handelns und orientiert sich an dem Ziel eines natürlichen Verlangens nach Lust im Sinne einer inneren Ausgeglichenheit – genau wie Epikur es verlangt. Ein solch kritisches Abwägen setzt Flexibilität voraus, offen für Lebenswirklichkeit zu sein, Herausforderungen richtig einzuschätzen, Zuträgliches auszuwählen und Schädliches abzuwehren. Grenze, Maß und Reduktion sind Konditionen jener Seelenruhe, die Epikur vorbildhaft vorlebte. Das darauf basierende Abwägen oder Kalkül betrifft alles, was von außen kommt, Anregungen, Provokationen, aber auch fremde Lehrmeinungen. Es geht darum aufzugreifen, abzuwägen und nach Prüfung gegebenenfalls für sich fruchtbar zu machen, was zunächst negativ scheinen mag. Epikur macht an einer Stelle im XIV. Buch sein Hauptwerkes *De natura*[37] explizit deutlich, wie ein Philosoph angemessen mit fremder Information, d. h. auch Lehren seiner Vorgänger, aber auch Herausforderungen neuer kulturelle Umfelder umzugehen habe.

> «[Richtiges Philosophieren ist demjenigen eigen], der sammelt, was mit sich selbst übereinstimmt und folgerichtig ist, aber demjenigen fremd, der diese oder jene richtige Lehre mit (sc. anderen) Lehren vermischt, die nicht dazu passen, auch wenn er zufällig zuerst auf diese Lehre gestoßen ist; denn nicht derjenige ist verwirrt, der eine empfan-

37 Vgl. Erler (1994), 94–103 (erscheint neubearbeitet durch G. Leone 2025).

> gene Lehre mit anderen verschiedenen eigenen Lehren zusammenbringt, sondern derjenige, der Lehren zusammenstellt, die miteinander nicht übereinstimmen, ob sie nun von ihm selbst oder von anderen stammen.» (Üb. Erler)[38]

Als Bewertungskriterien, ob etwas sich als nützlich und integrierbar in ein philosophisches Konzept erweist, werden Kohärenz und Konsistenz mit der eigenen Weltsicht genannt. Man darf demnach nur übernehmen, was in Übereinstimmung (*akolouthia*) mit sich und was kohärent mit dem epikureischen Dogma ist (*symphonia*). Unpassend ist es hingegen, wenn man die korrekte Lehre mit nicht passenden Lehren verbindet. Epikur fordert also, bei der Übernahme fremder philosophischer Lehren oder generell von Vorstellungen ein ‹Vermischen› mit Unpassendem zu meiden.[39] Gleichwohl ist eine grundsätzliche Offenheit für fremde Vorstellungen, Traditionen oder konkurrierende philosophische Lehren wünschenswert, die freilich Bedingungen unterliegt. Demnach muss, was nach abwägender Prüfung akzeptiert oder gar aufgenommen werden soll, zum Ziel epikureischen Philosophierens passen, für das Glück der Menschen (*eudaimonia*) zuträglich zu sein. Es zeigt sich also, dass die Grundlagen dies Prozesses, ‹nüchternes Abwägen› (*nephon logismos*) und Kohärenz zum Eigenen (*symphonia*) gleichsam zu hermeneutischen Hilfsmitteln werden, wenn es um die Erklärung (*philosophia explicans*) und Beurteilung lebensweltlicher Herausforderungen und die Frage geht, wie man mit ihnen umgehen, ob man sie wählen oder meiden soll.[40]

38 Ep. De nat. 14 col. 40,1–17 (= Leone 1984); vgl. Erler (2011), 19–22.

39 Erler (2011), 19–22.

40 Die Bedeutung des Kalküls für die Bewertung von angeblichen Widersprüchlichkeiten vor allem in der Politik betonen zu Recht Roskam (2007), 40–41; ders. (2020), 292–304; Fish (2011), 73; Armstrong (2011), 109–128.

Dies gilt für Herausforderungen im Leben allgemein, wie sie Lincoln erlebte, dies gilt aber auch für Irritationen in gesellschaftlichen Kontexten, die aus epikureischer Sicht zunächst fremd oder für das eigene Glück nicht zuträglich scheinen. Epikurs praktische Ethik zielt darauf ab, sich mit derartigen Situationen kritisch auseinanderzusetzen, sich dabei an der von der Natur als Kanon vorgegebenen Lust (*ataraxia*) zu orientieren, und gibt hierfür Hilfsmittel an die Hand. Wie Lincoln zeigt, kann dieses abwägende Analysieren z. B. mit Blick auf die Folgen durchaus zu Neubewertungen dessen führen, das für sich genommen zunächst als negativ empfunden sind.

Dies hilft Lincoln, dies hilft aber auch den antiken Epikureern, mit gesellschaftlichen und kulturellen Ansprüchen positiv umzugehen, die sie eigentlich ablehnen oder meiden müssten, ohne dabei Grundlagen der eigenen Lehre zu widersprechen – sowohl im gewohnten, aber auch in neuen Kontexten, denen die epikureische Tradition begegnet. Das sei für drei Bereiche der Theologie, der Bildung (*paideia)* und der Politik im Folgenden erläutert.

4. Nüchternes Abwägen und Kohärenz (*symphonia*): Drei Fallstudien

Ich möchte im Folgenden an drei Beispielen zeigen, dass und wie sich diese Vorgaben für die Epikureer selbst bei ihrem Umgang mit Lebenswirklichkeit, aber auch für moderne Interpreten bei ihrem Umgang mit epikureischen Texten als hermeneutisch hilfreich erweisen und dabei zudem interessante Perspektiven für ein besseres Verständnis der epikureischen Tradition ergeben.

4.1 Gebet und Religion als Pflege des Selbst: Pseudomorphose

Ein Bereich, in dem sich das *nüchterne Abwägen* als hermeneutisches Mittel bewährt und Besonderheiten oder gar angebliche Widersprüchlichkeiten in den epikureischen Zeugnissen als nur scheinbar erklären kann, betrifft die epikureische Theologie. Die Epikureer sind zwar keine Atheisten, wie es antike Polemik gerne unterstellt. Die Epikureer gehen von einer seligen Existenz der Götter aus, mit welcher sie zugleich ein Vorbild für die Menschen bieten, die dieses Glück im Leben erreichen können, freilich nicht auf unbegrenzte Zeit. Die ist allein den unvergänglichen Göttern gegeben.[41]

Doch bestreiten sie, dass sich die existierenden Götter um die Menschen kümmern, dass sie auf Ansprache oder Bitten im Sinne eines ‹do ut des› mit Wohlwollen oder mit Unwillen reagieren, wie es traditionelle Vorstellung seit Homer eigentlich voraussetzt. Sie leugnen also die Providenz der Götter für die

41 Vgl. Essler (2001), 10–147.

Menschen. Als Begründung verweisen die Epikureer auf die glückselige Existenz der Götter. Mit dieser, so argumentierten sie, sei nämlich eine geschäftige Fürsorge für Menschen oder Empfindungen wie Zorn oder Dankbarkeit für erwiesene Verehrung nicht vereinbar, sondern ein Zeichen der Schwäche oder Bedürftigkeit. Glückliche Götter hätten weder selbst Sorgen noch bereiteten sie diese anderen (*pragmata parechein*)[42] – eine Argumentation, die zu Epikurs Zeiten offenbar verbreitet war. Der Komödiendichter Menander z. B. lässt in der Komödie Das *Schiedsgericht* seine Figur Onesimos räsonieren: «Im ganzen gibt es / an Städten etwa tausend. Dreissigtausend Bewohner jedesmal. Und jeden einzelnen/vernichten und retten da die Götter? Wie? da führten sie ein mühevolles Leben.» (Üb. K. und U. Treu)[43]

Ein kummervolles Leben sollen Epikurs Götter eben nicht führen. Deshalb muss – so Lukrez –

> «die ganze Natur der Götter sich ihres unsterblichen Lebens erfreuen in tiefstem Frieden, geschieden von unserer Welt und weit von ihr getrennt; denn frei von jeglichem Schmerz, frei von Gefahren, stark durch eigene Macht, in nichts unser bedürfend, wird sie weder durch Verdienst gewonnen noch durch Zorn berührt». (Üb. Martin)[44]

Deshalb bestreitet Epikur die Vorsehung der Götter. Freilich, ihm geht es dabei weniger um die Götter selbst als um die Menschen und deren Glück im Leben. Denn Epikur weiß, dass Götter und deren Eingreifen ins Weltgeschehen – wie es Epos oder Drama immer wieder vor Augen führen – eine Hauptursache für menschliche Furcht und Unglück im Leben ist. Seine Trennung von Göttern und Welt dient nicht zuletzt dazu, die Menschen von dieser Furcht zu befreien.

42 Vgl. Ep. KD 1; Ep. epist. Hdt. 77.
43 Vgl. Men. Epitr. 1083–1086 (Üb. K. und U. Treu 1980).
44 Vgl. Lucr. 3,79–86 (Üb. Martin 1972).

Gerade deshalb aber muss besonders erstaunen, dass – wie neuere Zeugnisse auf Papyrus bestätigen – Epikur und seine Anhänger gleichwohl traditionell religiöses Verhalten und Kultpraktikern wie z. B. das Gebet, also eine Hinwendung zu den Göttern nicht nur billigen, sondern dazu ausdrücklich auffordern. Im Kepos wurde er als ‹Retter› (*soter*) verehrt. Seine Philosophie beschreibt er bisweilen mit einer Terminologie, die der religiösen Sprache entlehnt ist.[45] Man darf sich schon fragen, wie es zuvor schon Hekabe in Euripides' Tragödie *Die Troerinnen* tut: «warum zu den Göttern flehn. Sie hören schon lange nicht mehr meinen Ruf.» (Üb. Donner)[46] und wird versucht sein, mit Cicero und vielen christlichen Kritikern hier einen Selbstwiderspruch oder eine opportunistische Hypokrisie zu argwöhnen.[47] Dem römischen Epikureer und Dichter Lukrez hat man gar Schizophrenie unterstellt, weil er sein epikureisches Lehrgedicht *De rerum natura* mit einem Hymnus und Gebet an die Göttin Venus beginnen lässt – Lukrez, der Dichter, habe da wohl über den Epikureer Lukrez gleichsam die Oberhand gewonnen, habe im Zustand von Wahnsinn (*per inter insaniae)* gedichtet und sei im Selbstmord (Hieronymus) geendet; so vermutete man in der Antike,[48] und noch heute spricht manch moderner Interpret von der *tristesse* des Dichters.[49] Doch handelt es sich im Grunde nur um einen frühen Beleg für den Topos der anti-aufklärerischen Polemik vom wahnsinnig gewordenen Aufklärer, wie wir ihn noch in Flauberts *Madame Bovary* finden, wo er Abbé Bournisien in der Kirche immer wieder über den Todeskampf des Aufklärers Voltaire predigen lässt.[50]

45 Vgl. Erler (2009b), 53–66.
46 Eur. Tro. 1280 f. (Üb. Donner 1958).
47 Cic. nat. deor. 1,85 und 123.
48 Vgl. Erler (1994), 398.
49 Vgl. Martha (1867).
50 Vgl. Schmid (1976), 37–83, bes. 59.

Freilich, man sollte sich von derartiger Polemik freimachen und fragen, ob hier wirklich ein Widerspruch zwischen Reden und Handeln, Theorie und Praxis bei den Epikureern vorliegt. Denn Epikureische Gebetspraxis lässt sich in der Tat mit ihrer deistischen Theologie vereinbaren. Man muss in diesem Fall aber Epikurs Vorgabe folgen und ‹nüchtern abwägen›, ob und wie das traditionelle Gebet, das aus epikureischer Sicht an sich nicht glücksfördernd sein kann, unter bestimmten Konditionen doch zum Glück der Menschen beitragen kann und deshalb nicht zu meiden, sondern sogar zu wählen ist. Zu fragen ist dann, welches diese Kondition sind.

In seiner Schrift *Über die Lebensrichtungen* erfahren wir nun, dass Epikur Kulthandlungen selbst gewissenhaft befolgte und sie auch seinen Freunden empfohlen hat; wir werden auf Papyruszeugnissen darüber belehrt, dass dies nicht nur wegen der traditionellen Gesetze erfolgen solle, sondern aus Motiven, die – wie er sagt – der *physis* der Menschen entsprächen. Man müsse nur die Funktion von Gebeten richtig verstehen. Demnach ist – so Epikur – das Beten eine Haltung, die weisen Menschen angemessen sei; dabei spiele keine Rolle, ob die Götter unwillig würden, wenn man nicht betet, sondern allein die Erwägung (*epinoia*), wie sehr die göttlichen Naturen den Menschen an Macht und Bedeutung überlegen sind.[51] Hier werden in der Tat Konditionen andeutet, die es erlauben, am Gebet festzuhalten, auch wenn nicht aus traditionellen Gründen (Gesetz). Wir erfahren: Ausschlaggebend ist nicht der Wunsch der Götter. Gebete gehören vielmehr zur Natur des Menschen – wir erinnern uns an Epikurs Vorgabe für richtiges Handeln in KD 25.

Und deutlich wird auch: Was Grund zur Furcht ist – die Götterferne – wird nun zu einer positiven Vorgabe. Man soll jene Götterferne, die scheinbar das traditionelle Beten als Hilfe-

51 Vgl. frg. 13 Us., dazu Erler (2001), 163.

ersuchen sinnlos macht, nicht leugnen oder ignorieren, sondern sie sich im Gegenteil beständig vergegenwärtigen. Die Vergegenwärtigung ihrer menschenfernen Existenz führt nämlich zu der Erkenntnis, dass dann eine göttliche Hinwendung zu Menschen zwar nicht gegeben ist, dass dies aber keineswegs beklagenswert sein muss; denn dieser Umstand betrifft nicht nur wohlwollende Zuwendung, sondern auch jene negative Einflussnahme, die von den Menschen als Gefahr gefürchtet und als Minderung ihres Lebensglücks empfunden wird. Wer sich die Überlegenheit der Götter vor Augen führt, wird – so Epikur – bei nüchterner Überlegung darin also keinen Grund zur Klage, sondern Anlass zur Freude finden.

Und etwas weiteres wird aus der Aufforderung zur Vergegenwärtigung deutlich. Das Gebet behält im deistischen Kontext seinen Sinn, dies allerdings in neuer Funktion: Aus einer Anrede an und Gespräch mit Gott muss eine *meditatio* oder ein Selbstgespräch des Betenden mit sich selbst über Gott und die wahre göttliche Existenzweise werden, die dazu beitragen soll, dass eine Projektion falscher Vorstellungen auf die Götter gemieden wird. Denn dies würde bei den Menschen Schaden anrichten, wohingegen eine richtige Haltung gegenüber den Göttern Nutzen für den Betenden bewirken kann. Unfromm ist demnach nicht, «wer die Götter der Menge beseitigt, sondern wer die Anschauungen der Menge auf die Götter überträgt. Denn falsche Vermutungen sind die Aussagen der Menge über die Götter. So kommt es, dass der größte Schaden, der den Bösen Übles bringt, von den Göttern kommt – und Wohltaten ebenso.» (Üb. Heßler)[52] Dann aber lässt, was zunächst negativ oder schmerzhaft scheint, positive, ja glücksfördernde Aspekte erkennen. Denn als meditierende Vergegenwärtigung der Götterferne wird das Gebet zu einem Mittel der Selbstheilung von Furcht und fördert das Glück

52 Vgl. Ep. epist. Men. 124; vgl. Hessler (2012), 177–185.

im Leben der Betenden, ein Glück freilich, das nun nicht mehr von den Göttern kommt, sondern dass sich die Betenden durch Meditation selbst verschaffen. Es gilt genau das, was Epikur in einer Maxime generell formuliert: «Die Verehrung des Weisen ist ein großes Gut für den, der verehrt (sc. nicht den der verehrt wird).» (Üb. Kautz)[53]

Es wird deutlich: Die Aufforderung zu traditioneller religiöser Praxis bedeutetet keineswegs einen Widerspruch Epikurs zu seiner deistischen Theologie. Nüchternes Abwägen lässt Konditionen erkennen, unter denen auch in Epikurs Theologie das Gebet sinnvoll bleiben kann. Es muss freilich zu einem neuen Verständnis oder Erklärung der alten religiösen Tradition kommen: Eine *philosophia explicans* also ist notwendig, die neuen Wein in alte Schläuche füllt, wobei es zu einer Transformation kommt, die ich als *Pseudomorphose* bezeichnen möchte.[54] Dieser Begriff aus der Mineralogie beschreibt den dynamischen Prozess, wenn ein neues Mineral in einem alten, bis auf die Form ausgewaschenen Mineral entsteht, wobei alte Form auf neuen Inhalt einwirkt und kenntlich bleibt. Oswald Spengler hat den Begriff für die Kulturgeschichte, Hans Jonas für das Verhältnis von kaiserzeitlicher Gnosis und traditioneller Philosophie fruchtbar zu machen versucht.[55] Mir scheint, der Begriff *Pseudomorphose* beschreibt gut, wie die Epikureer durch Konditionierung und Neubewertung ein Element traditionell religiösen Lebens der Form nach bewahren, aber mit neuer Funktion und Inhalt versehen möchten, um zu erklären, dass und wie etwas wie das Gebet in Epikurs therapeutische Aufklärung integriert werden kann. Dabei wird deutlich, dass und wie das nüchterne Abwägen auch etwas, das im Sinne Epikurs schmerzhaft oder negativ scheint, als nützlich erweist.

53 Ep. Gnom. Vat. 32.
54 Erler (2009), 37.
55 Vgl. Spengler (1981), 227 ff.; Jonas (1954), 73 f.

Dieses Abwägen wird damit zu einem hermeneutischen Mittel für die Epikureer, ist aber auch für moderne Interpreten wichtig, will man richtig beurteilen, ob etwas wirklich im Widerspruch zur epikureischen ‹Orthodoxie› steht. Die Neubewertung des Gebetes als Meditation, wie wir sie bei den Epikureern beobachten können, ist im Übrigen auch in anderen philosophischen Kontexten wie z. B. der Stoa zu finden. Epiktet[56] empfiehlt das Gebet als meditatives Element. Es soll dazu dienen, sich den Zustand der Welt in guten wie auch negativen Aspekten zu vergegenwärtigen und sich auf diese Weise auf alles einzustellen, was einem begegnet. Epiktet bietet sogar Beispiele für derartige meditative Vergegenwärtigung in Form eines Gebetes, das zur Meditation wird. Freilich geht es dem Stoiker Epiktet dabei weniger um bloße Vergegenwärtigung des natürlichen Weltablaufes, sondern um eine damit verbundene, freiwillig zustimmende Unterordnung unter das göttliche Gesetz. Gemeinsam mit den Epikureern ist Epiktet jedoch die Änderung der Zielrichtung des Gebetes. Eigentlicher Adressat ist nicht ein Gott, sondern der oder die Betende selbst, insofern das Gebet ihm oder ihr zu einer besonderen Haltung verhelfen, also der Seelenstärkung dienen kann. Das Gebet dient nun vornehmlich der Selbstvergewisserung der Betenden und wird zu einem Teil jener philosophischen Übung, die Orientierung für das Leben bieten und vor Irritationen schützen will.[57] Es fördert nämlich eine angemessene Disposition, eine subjektive Befindlichkeit, die hilft, im Leben zu bestehen. In dieser meditativen, das betende Selbst adressierenden und heilenden Funktion wird das Gebet vom späteren Platonismus übernommen und in ein Gesamtkonzepte einer philosophischen Haltung integriert, dem insgesamt eine soteriologisch anagogische Funktion zuge-

56 Vgl. Erler (1993), 377.
57 Vgl. Epikt. diss. 3,5,7–11; 3,24,95.

schrieben wird, insofern es die Seele bei ihrer Rückkehr in die geistige Heimat unterstützen will. Anders als bei den Epikureern (und den Stoikern) dient freilich bei dem Platoniker das meditative Gebet der Vorbereitung für die eigentlich philosophische Annäherung an das Jenseits mit Hilfe der Dialektik, und ist nicht Teil der eigentlichen Philosophie. Die meditativ dispositionsbildende Funktion des Gebetes, wie es vor allem die Epikureer propagieren, findet sich auch bei Proklos und anderen Platonikern und wird gleichsam als Vorstufe zu einem integralen Teil ihrer *praeparatio philosophica.* Doch bleiben auch hier Ingredienzien epikurischer Vorstellungen kenntlich.[58]

4.2 Bildung als Hilfe für Philosophie (*ancilla philosophiae*)

Gleiches lässt sich bei der Positionierung der Epikureer hinsichtlich der traditionellen Bildung (*paideia*), insbesondere in der Literatur, beobachten. Auch hier gibt es Aussagen, die widersprüchlich scheinen und deshalb kritisiert werden. In der Tat lassen Epikur und die Epikureer eine kritische, ja geradezu ablehnende Haltung gegenüber traditioneller Bildung erkennen. In einem Brief preist Epikur den Adressaten glücklich, weil der seinen Weg zur Philosophie unbelastet von jedweder Bildung gefunden habe – und seinem Lieblingsschüler Pythokles trägt er auf ‹mit vollen Segeln› vor der Paideia zu fliehen.[59] Die Epikureer bezweifeln nämlich, dass traditionelle Bildung – für sich genommen – Voraussetzung ist, wirkliches Wissen und Glück im Leben zu erreichen; ein Zweifel, den schon Platon teilte, wie seine Kritik an traditionaler Dichtung z. B. in der *Politeia* zeigt.[60] Andererseits

58 Vgl. Erler (2001), 162–169.
59 Vgl. Diog. Laert. 10,6.
60 Vgl. Plat. rep. 363a–b.

scheinen bestimmte Verhaltensweisen und Aussagen Epikurs und auch späterer Epikureer zu dieser negativen Grundeinstellung nicht recht passen. Will man dies angemessen beurteilen, erweist es sich auch hier als hilfreich, einen ‹nüchternen Abwägungsprozess› in Rechnung zu stellen und nach Bedingungen oder Neubewertungen zu fragen, die die positive Einschätzung und damit eine Verwendung von Bildung im epikureischen Kontext erklären können.

Zunächst mag freilich verwundern, dass sich schon der angeblich so bildungskritische Epikur in seinen Schriften nicht selten literarischer Ausdrucksformen, Motive und Aussagen alter Dichter bedient, um den Lesern seine Botschaft zu vermitteln. Schon seine Aufforderung, vor *paideia* die Flucht zu ergreifen, spielt auf eine Stelle in Homers *Odyssee* an;[61] den Ausdruck ‹nüchterne Überlegung› (*nephon logismos*) für das von ihm propagierte Lustkalkül entleiht Epikur einem zeitgenössischen Streit darüber, ob Dichter infolge einer Inspiration durch Götter oder eigener Fähigkeiten dichten – erstere wurden Weintrinker, letztere Wassertrinker genannt. Wir erfahren davon durch literarische Zeugnisse.[62] Zu ersteren werden archaische Dichter oder platonische Philosophen, zu letzteren hellenistische Dichter wie Kallimachos gerechnet, die auf eigene Kunstfertigkeit vertrauen. Mit dem Ausdruck ‹nüchternes Abwägen› signalisiert Epikur also, dass er sich als Lehrer einer aufgeklärten *ars vitae* den Wasser-Trinkern zurechnet.

Immer wieder nutzt Epikur Motive oder Strategien der Dichtung, um eigene Aussagen zu pointieren. Eine seiner Sentenzen, die sich gegen ein deterministisches Weltbild richtet, lautet: «Schlimm ist der Zwang. Doch es gibt keinen Zwang, unter

61 Vgl. Hom. Od. 12,39–54. 158–200.
62 Erler (2021), 169–187.

Zwang zu leben.» (Üb. Krautz)[63] Jeder zeitgenössische Leser wird bemerkt haben, dass Epikur ein berühmtes *dictum* des Komödiendichters Sousarion anklingen lässt, das dieser in einer Invektive gegen Frauen richtet. «Frauen sind ein Übel, aber, meine Mitbürger, es gibt kein Leben ohne Übel.»[64] Sprachliche Form und inhaltliche Provokation der Sentenz Sousarions werden also als Vehikel für die eigene Botschaft genutzt. Wie ein radikales Fliehen vor der *paideia* wirkt all das nicht. Freilich deutet sich zugleich eine Kondition an, die es Epikur offenbar infolge ‹nüchternen Abwägens› erlaubt, der Dichtung positive, glücksfördernde Aspekte abzugewinnen. Demnach, so zeigt sich, kann Dichtung zwar zum Wissenserwerb nicht unmittelbar beitragen, sich aber als förderlich erweisen, wenn es darum geht, sich Wissen anzueignen, etwa in Form von Sentenzen oder Merksätzen.

Diese Einschätzung wird durch neuere Zeugnisse einer auf Papyrus erhaltenen Schrift des Epikureers Philodem aus dem 1. Jh. v. Chr.[65] (*ad contubernales* 1005) bestätigt. Aus ihr geht hervor, dass die Epikureer bei aller Kritik literarische Bildung in der Tat als glückszuträglich rechtfertigen können, wenn sie zu einem besseren Verständnis z. B. der Werke Epikurs, aber auch anderer Autoren beträgt und dabei gleichsam als *ancilla philosophiae* fungiert. Was wir bei Philodem lesen, unterstreicht der Dichters Lukrez in seinem Gedicht *De rerum natura*, wo er die Funktion der dichterischen Form seines epikureischen Lehrgedichtes mit dem Honig vergleicht, den Ärzte an den Rand von Bechern mit bitterer Medizin streichen, um diese genießbarer zu machen[66] – *ancilla philosophiae* auch hier als Ausdruck für eine Kondition, unter der Bildung sich auch für Epikureer als zuträglich zum

63 Vgl. Ep. Gnom. Vat. 9, vgl. dazu Erler/von Ungern-Sternberg (1987).
64 Vgl. Sousarion frg. 1 Kock = West; Erler/von Ungern-Sternberg (1987), 255.
65 Vgl. Philod. ad contubernales (Angeli 1988).
66 Vgl. Lucr. De rer. nat. 1,934–950.

Glück erweisen kann. Auch dies zeigt: Lukrez ist nicht schizophren, ebenso wenig wie Epikur selbst.

Weitere Zeugnisse verdeutlichen, wie diese Hilfsfunktion sich als glücksfördernd bewähren kann. Der schon genannte Epikureer Philodem bietet in einem Traktat *Über den guten König* (*De bono rege*)[67] einer Art Fürstenspiegel und führt den Lesern angemessenes gesellschaftliches Verhalten und Umgang mit Macht vor Augen. Dies tut er erstaunlicherweise unter beständigem Rekurs auf Homers Werke, indem er Passagen aufgreift und interpretiert. Philodem erklärt auch, warum er so vorgeht. Er betont nämlich, dass es ihm bei seiner Homerlektüre weniger um Homer selbst als darum geht, die Seelen seiner Leser zu ‹korrigieren oder aufzurichten› (*epanorthosis*).[68] Seine Homerlektüre dient also nicht als Selbstzweck oder dem bloßen Vergnügen, sondern sie soll zum Glück der Rezipienten betragen.

Ein Beispiel soll zeigen, was dies meint. Philodem interpretiert die Reise, zu der Telemach, der junge Sohn des Odysseus, am Beginn der *Odyssee* aufbricht, um nach seinem Vater zu forschen. Philodem liest diese Reise weniger als Suche nach dem Vater, sondern als Bildungsreise und geradezu als Metapher für einen moralischen und geistigen Entwicklungsprozess des jungen Mannes. Diese Interpretation mag gezwungen wirken, ist aber bemerkenswert.[69] Denn mit ihr bezieht Philodem Stellung in einem Streit über Sinn und Zweck des Reisens im römischen Kontext seiner Zeit.[70] Ganz offensichtlich bezieht er sich auf die Mode der ‹Jeunesse dorée› des römischen Adels, auf ‹grand tour› zu gehen,[71] wobei offenbar oft weniger der Bildungsaspekt als gesellschaftliches Prestige im Vordergrund stand – was neben

67 Vgl. Philod. De bono rege (Dorandi 1982).
68 Vgl. Philod. De bono rege col. LXIII 15–19 Dorandi.
69 Vgl. Hom. Od. I–IV, vgl. dazu Fish (1999), 74.
70 Vgl. Erler (2020), 194–200.
71 Friedländer (1957), 338–429.

den Epikureern später z. B. auch Seneca monierte. Wir erfahren jedenfalls, dass Philodem und die Epikureer das Reisen an sich als Ausdruck ungesunder Vielgeschäftigkeit und als Flucht vor sich selbst ablehnten, weil es der inneren Ruhe schade. Doch dank ‹nüchternen Abwägens› – und mit Hilfe einer entsprechenden Homerlektüre – wird eine Kondition deutlich, unter der das Reisen dennoch als glücksfördernd bewertet werden kann. Dies ist dann der Fall, wenn es zu einem inneren Reifeprozess und zum Streben nach Glück beiträgt, also zum Ziel (*telos*) der menschlichen Physis passt. Eben dies belegt Philodem durch seine Lektüre des Anfanges von Homers *Odyssee*, welche die Reise Telemachs als Bildungsreise und damit auch aus epikureischer Sicht als sinnvoll versteht. Liest man Homer *Odyssee* oder Teile von ihr also mit den Augen eines Epikureers, dann wird deutlich, dass und warum es auch für Epikureer Sinn macht, sich mit Homer als Kern antiker *paideia* zu beschäftigen. Denn wenn sie die innere Bildung fördert, wirkt sie glücksfördernd. Auf diese Weise erklärt Philodem den Römern, wann und unter welcher Bedingung ihr gesellschaftliches Verhalten, also ihre Reisemode wirklich förderlich für ein gutes Leben ist (*philosophia explicans*). Ein Widerspruch zur allgemeinen Skepsis Epikurs gegenüber traditioneller *paideia* ist dann nicht gegeben, denn Philodem gibt ja eine bestimmte Kondition oder Situation und damit einen Sonderfall für eine positivere Bewertung an.

Auch in einem anderen Fall zeigt sich, dass ein Widerspruch beseitigt werden kann, wenn man beachtet, dass es sich um die Folge eines Abwägens und eines konditionierten, situativ bedingten Verhaltens handelt. In diesem Fall geht es um mein eigenes Fach, die Philologie. Neue Zeugnisse zeigen, dass die bildungsfernen Epikureer in der Lage und bereit waren, sich bei der Lektüre der Schriften Epikurs, aber auch von Literatur allgemein, der Mittel und Regeln jener Philologie zu bedienen, die in Alexandria im 3. Jh. entwickelt wurden und bis heute die Grundlage geisteswissenschaftlicher Textarbeit bilden.[72] Wir hören von Diskussionen über Echtheit oder Unechtheit von Versen oder ganzer Werke, wir erfahren von Kollationen, Emendationen oder Diskussionen textkritischer Probleme. Wieder fragt man sich, wie das zur Epikurs kritischer Haltung gegenüber Bildung passt, wieder hilft es, auf Konditionierungsmöglichkeiten infolge ‹nüchternen Abwägens› zu achten, die Philologie als zuträglich für das Glück der Leser und damit als akzeptabel erweisen. Zudem ergeben sich dabei Perspektiven, die frappierend modern scheinen.

Wir erfahren dabei von Überlegungen über Bedingungen, unter denen Texte auf traditionell philologische Weise gelesen und interpretiert werden sollen. Dabei wird deutlich, dass die Epikureer den Regeln der Philologie folgten, doch dass sie es ablehnten, dies im Sinne eines bloßen Archivierens oder Bereitstellens von Texten und eines Diskutierens über Textprobleme als Selbstzweck zu tun. Doch führte auch hier ‹nüchternes Abwägen› mit Blick auf das Ziel (*telos*) der menschlichen Natur (*physis*) zu einer Neubewertung. Die Epikureer akzeptierten einen ‹wissenschaftlichen› Umgang mit Texten mit Hilfe der Philologie, wenn dabei neben dem Text auch die Befindlichkeit der Rezipienten und deren Glück im Blick bleiben. Die uns erhaltenen Zeugnisse zeigen, dass epikureische Interpreten die Regeln traditioneller Philologie mit der ausdrücklichen Vorgabe nutzen, mit ihrer Hilfe bei den Lesenden jede Beunruhigung der Seele (*tarachos*) zu beseitigen, welche dunkle, scheinbar widersprüchliche oder irritierende Textstellen hervorrufen könnten. Der epikureischen Art, Literatur ‹philologisch› zu lesen, geht es nicht nur um die Konstitution der Texte, sondern zudem um die Disposition der Rezipienten des Textes, etwa durch eine Aktualisierung des Inhaltes, wie wir sie in der Telemachie-Interpretation durch Philodem erkennen können.

72 Vgl. Erler (1993), 281–303; McOsker (2023), 119–140, bes. 127–133.

Wieder verbinden die Epikureer grundsätzliche Kritik mit konditionierter Akzeptanz. Bedingung ist, dass die Regeln alexandrinischer Philologie um den eher philosophischen Aspekt des Wohlergehens der Rezipienten ergänzt wird.[73] Dieses Ansinnen mag befremden. Doch sollte nicht vergessen werden, dass die Epikureer mit dieser Neubewertung eine Diskussion zwischen Philologie und Philosophie darüber antizipieren, welches Fach für das Glück der Rezipienten im Leben förderlicher ist, wie wir sie später bei Seneca und anderen finden.[74] Wie hier nur angedeutet werden kann, wird im Grunde schon die Frage angesprochen, die im 20. Jh. innerhalb der Philologie diskutiert wurde, und noch heute lebendig diskutiert wird, nämlich ob es Philologie bei der Freude am bloßen Bewahren und Archivieren antiker Zeugnisse belassen soll – wie es Großmeister der Zunft wie U. v. Wilamowitz-Moellendorff in der zweiten Hälfte des 19. Jh. propagierten –, oder ob sie bei ihrer Tätigkeit auch die Rezipienten der bearbeiteten Texte damals und heute, also z. B. die Aktualität der Inhalte im Blick haben sollte, wie es seit dem Beginn des 20. Jh. von einflussreichen Philologen und Philosophen gefordert wird.[75] Viele werden sich heute wohl einer Position wie der des Gräzisten Richard Kannicht anschließen, der in seiner Tübinger Antrittsvorlesung die These vertrat, «dass wir Philologie nicht um ihret, sondern um unsretwillen treiben», wobei unter dem «wir» nicht nur Philologen, sondern alle potentiellen Rezipienten zu verstehen sind.[76] Ohne einen Bezug überstrapazieren zu wollen, sind doch Parallelen zur epikurischen Position

73 Vgl. Erler (2025).

74 Vgl. Sen. epist. 108,23: *Itaque quae philosophia fuit facta philologia est*; vgl. Epikt. diss. 3,21,6 f.; 2,1,34; vgl. S. Emp. adv. math. 1,270–273 (Mutschmann 1912–1954); Erler (2020c), 175–184; Porph. Vita Plot. 14,18–20 (Henry/Schwyzer/Lewis 1951–1973).

75 Erler (2025b).

76 Vgl. Kannicht (1974), 374.

über die Rolle der Philologie augenfällig, zumal schon bei den Epikureern in diesem Zusammenhang eine Fokussierung auf die Rezipienten und eine Verlagerung der Verantwortung für Texte vom Autor auf die Leser zu konstatieren ist, die an Positionen der modernen Literaturwissenschaft wie z. B. der Konstanzer Schule erinnert, in der Rezipienten ebenfalls ein aktiver Anteil zugebilligt wird,[77] wobei Unterschiede zur antiken Auffassung nicht bestritten werden sollen.[78]

Festgehalten ist jedenfalls, dass auch hier ein Widerspruch zwischen Kritik und Befürwortung dann nicht vorliegt, wenn man die Konditionierung und Neubewertung durch die Epikureer in Rechnung stellt, welche sie der *paideia* in besonderen Fällen zubilligen, in denen *paideia* sich trotz aller Bedenken als glücksfördernd erweist.

4.3 Epikureische ‹wahre› Politik

Als letztes Beispiel sei auf jenen Bereich der Politik verwiesen, der für J. Burckhardt Anlass für seine Wertschätzung Epikurs und uns Anstoß für unsere Überlegungen war. Burckhardt hat Recht zu behaupten, dass die Epikureer traditionelles politisches Engagement an sich als nicht förderlich für das individuelle Glück ansahen. Deshalb empfahlen sie, sich von politischen Alltagsgeschäften wie aus einem Gefängnis zu befreien, und mahnten, eher ‹im Verborgenen› zu leben (*lathe biosas*).[79]

Freilich, wie J. Burckhardt zu Recht anmerkt, aber nicht weiter diskutiert, gibt es auch moderatere Töne, die traditionelles politisches Engagement nicht völlig anzulehnen scheinen, was vielfach als Widersuch registriert worden ist. Jedoch ergibt sich

77 Vgl. Jauß (1979), 127; 129; 130.
78 Vgl. Erler (2025).
79 Vgl. Ep. frg. 551 Us.; Gnom. Vat. 58; 67.

auch hier, bei diesen moderaten Tönen nicht von Abweichungen zu sprechen, sondern zu erkennen, dass wir es mit Resultaten eines situativ ‹nüchternen Abwägens› zu tun haben, das unter bestimmten Bedingungen politische Tätigkeit zu akzeptieren bereit ist, auch wenn man ihr generell distanziert gegenübersteht.[80]

Diese allgemeinen Bedenken Epikurs gegenüber traditioneller Politik mögen zum einen dem bedenklichen Zustand der zeitgenössischen, politischen Institutionen wie der Polis geschuldet sein, wie Burckhardt[81] und andere annehmen. Wichtig für ihre kritische Haltung ist aber auch eine grundsätzlichere Analyse. In politischer Ambition sieht Epikur nämlich eine jener menschlichen Bestrebungen, die weder natürlich – Stichwort ‹Ziel der Natur› (*telos tes physeos*) – noch notwendig sind. Politisches Engagement gehört demnach nicht zur Natur des Menschen, wie dies die Stoa oder Cicero postulieren. Für die Epikureer hingegen drückt sich in einem traditionell politischen Engagement zumeist – bewusst oder unbewusst – der unerfüllbare Wunsch oder das Bestreben aus, durch Macht und Ruhm könne die Endlichkeit der eigenen menschlichen Existenz gleichsam kompensiert, die Furcht vor dem Tod cachiert und äußere oder gar innere Sicherheit und Glück im Leben erkauft werden. Lukrez[82] bringt es auf den Punkt, wenn er politischen Ehrgeiz, Machtstreben, Ruhmsucht als Folgen menschlicher Todesfurcht bezeichnet. Die Welteroberungszüge eines Alexander oder Caesar sind demnach nichts als Manifestationen fehlgeleiteter Todesverdrängung. Und dennoch muss Epikurs Aufforderung zu politischer Abstinenz ein Interesse an und ein Engagement für die Gemeinschaft keineswegs grundsätzlich ausschließen. Trotz dieser modern und aktuell wirkenden Fundamentalkritik können

80 Vgl. Erler (2008); Fish (2011), 80–91; Armstrong (2011), 116–123.
81 Walter (2006), 96–99; Timpe (2006), 179–188.
82 Vgl. Lucr. De rer. nat. 3,80–87.

die Epikureer einem politischen Engagement auch positive, ja sogar glücksfördernde Seiten abgewinnen – dies aber wieder unter bestimmten Konditionen und Neubewertungen. Wie Plutarch hervorhebt, meine Epikur mit seinem Verdikt keineswegs – und auf diese Stelle weist Burckhardt hin –, dass man grundsätzlich ruhig leben müsse. Vielmehr sollten Männer, die dazu von ihrer Natur veranlagt sind, ihrer Veranlagung nachgeben (*physei chresthai*), durchaus nach Ruhm und Ehre streben und sich deshalb am politischen Leben beteiligen. Denn, so befürchten die Epikureer, wenn sie tatenlos blieben, würden sie zu Ruhestörern und Übeltätern, weil ihr Naturbegabungen nicht befriedigt würden.[83] Traditionelle Politik ist also akzeptabel, dies aber unter der Bedingung, dass eine entsprechende *physis* oder Disposition der handelnden Personen gegeben ist.[84] Für einen dementsprechend begabten, moralisch guten Menschen kann z. B. Reputation durch Politik zu suchen sogar größere Lust bereiten als ein rein privates Leben, heißt es bei Philodem.[85] Wenn er jedoch daran gehindert wird, werde er sich unwohl fühlen und Unwohlsein verbreiten – so die durchaus lebenskluge Beobachtung der Epikureer. Wir erinnern uns, dass Epikur in der oben zitierten *Kyria Doxa* 25 eine Orientierung an der Physis der Menschen zur Grundlage richtigen Redens und Handelns macht. Eben diese Regel wird hier angewandt, um in Ausnahmefällen unter bestimmten Konditionen, z. B. Begabung oder Gelegenheit *(kairos)*, ein politisches Engagement zu rechtfertigen. Dies ist Hintergrund für Senecas vielzitiertes dictum, wonach sich die Stoiker grundsätzlich für die Öffentlichkeit engagieren, sofern sie nicht daran gehindert werden (*accedet ad rem publicam*

83 Vgl. Plut. tranq. 465f–66a; vgl. Burckhardt (1957), Bd. VII, 364 f. mit Anm. 258.

84 Vgl. Roskam (2007), 33–41.

85 Vgl. Philod. rhet. 2 col. N 14a,26–28; vgl. Fish (2011), 84.

(*sc. sapiens*) *nisi si quid impedierit*) – während die Epikureer sich grundsätzlich nicht engagieren, es sei denn, dass etwas dazwischenkommt (*non accedet ad rem publicam sapiens, nisi si quid intervenerit*).[86] Die epikureische Haltung gegenüber Politik (*negotium*) und Privatleben (*otium*) ist differenziert. Zwar gilt, dass sich ein Epikureer in der Tat freiwillig nicht politisch engagieren würde, soweit es jedenfalls an ihm liegt, wie Epikurs Schüler Metrodor es formuliert.[87] Freilich kann es Bedingungen geben, die ein solches Engagement doch rechtfertigen. Politische Tätigkeit ist bei den Epikureern also konditioniert. Man hat diskutiert, ob es sich bei derartigen Bedingungen um politische Ereignisse handelt, welche die Sicherheit des Gemeinwesens infrage stellen, und hat an Brutus erinnert, der als Epikureer gilt und dennoch maßgeblich am Caesarmord beteiligt gewesen ist.

Lukrez spricht in seinem Lehrgedicht *De rerum natura* diese Frage an, wann ein derartiges politisches Engagement auch für Epikureer hilfreich sein kann. Zwar bietet er in seinem Lehrgedicht dem Schüler Gaius Memmius eine Einführung in epikureische Naturlehre an, betont aber gleich zu Beginn, dass er ihn dadurch keineswegs von politischem Engagement abhalten will – wenn das Vaterland sich in schwieriger Lage befinde (*patriai tempore iniquo*).[88] Die Belehrung in epikureischer Physiologie durch den Lehrer Lukrez soll ihn für diese patriotische Aufgabe gleichsam innerlich rüsten. Lukrez will den Römer Memmius also nicht grundsätzlich von patriotisch-politischen Anliegen abbringen, deutet jedoch an, dass hierfür nicht nur eine besondere Lage und rationale Aufgeklärtheit über die Lebenswirklichkeit und eine dadurch gewonnene innere Sicherheit Voraussetzungen

86 Vgl. Sen. De otio 3,2; Cic. rep. 1,10.

87 Vgl. Metr. frg. 41 Körte (= Plut. Adv. Col. 1125c); dazu Roskam (2007), 50.

88 Vgl. Lucr. De rer. nat. 1,41–43, dazu Fish (2011), 87.

sind. Auf dieser Grundlage kann und soll der Römer Memmius tun, was ein Römer tun muss, für den es wichtig ist, sich für die Gemeinschaft zu engagieren: Epikurs Philosophie also als *philosophia explicans* also auch hier.

Weitere Zeugnisse bestätigen, dass Epikurs Absage an Politik nicht absolut ist, sondern Raum für vernünftiges Abwägen von Konditionen für ein solches Engagement lässt, z. B. dann, wenn die jeweilige Disposition der Akteure und die Umstände (*kairos*) hierzu passen. Unter diesen Bedingungen kann Politik, z. B. infolge legitimer Herrschaft oder dank der Gesetze, den Menschen zumindest äußere Sicherheit vor Menschen (*asphaleia ex anthropon*) bieten. Der Epikureer Kolotes preist deshalb in einem Traktat *Nach der Lehre der anderen Philosophen kann. An nicht leben (Ne vivi quidem posse secundum aliorum philosophorum decreta),* den er einem Monarchen, einem Ptolemaios, vielleicht dem Philadelphos, gewidmet hatte,[89] die Menschen, die den Menschen Gesetze, Bräuche, Monarchie und Magistrate geschenkt hätten. Denn sie hätten den Menschen auf diese Weise große Sicherheit und Ruhe gegeben.[90] Eine solche Sicherheit gegenüber – oder besser: aus – anderen Menschen[91] kann für die Epikureer damit ein natürliches Gut sein, freilich nicht als Selbstzweck, sondern nur als Mittel zum Zweck. Letztlich muss es jedoch um die innere Sicherheit und Ruhe gehen, welche für das Glück des Einzelnen eigentliche Voraussetzungen sind. Deshalb kann nur die *physiologia* als epikureische Aufklärung über die Welt für innere Sicherheit sorgen, insofern sie allein innere Irritation und Furcht grundsätzlich beseitigen kann.[92] Epikur ist also ein politischer Realist, der Gesetz und Herrschaft für ein

89 Das Werk ist verloren, aber rekonstruierbar aus der kritischen Schrift des Plutarch *Adversus Colotem*; vgl. Kechagia (2011); Erler (2020), 522 f.

90 Vgl. Plut. Adv. Col. 1125a; Erler (2008), 39–54.

91 Vgl. Erler (2020), 61–66.

92 Vgl. Ep. KD 15.

Gut hält, wenn sie einem ungestörten Zusammenleben und Sicherheit des Menschen vor dem Menschen zuträglich sind. Entscheidend ist eine positive Disposition derjenigen, die Politik betreiben. Diese positiven Aspekte sollten nicht deshalb übersehen werden, weil manch epikureische Quellen wie z. B. Lukrez in seinem Lehrgedicht immer nur von einer negativen Disposition der Menschen und deshalb von kritischer Haltung gegenüber Politik ausgeht. Bei ihm mögen auch didaktische Gründe leitend sein.[93] Freilich bleibt richtig und zu beachten, dass äußere Sicherheit für die Menschen nicht alles bedeuten sollte. Grundlegend ist für Epikur vielmehr die innere Sicherheit des Menschen, die allein durch Aufklärung über die wahren Naturabläufe gewährleistet werden kann. Deshalb bleibt auch unter positiven Konditionen traditionelle Politik für das Glück der Menschen von bestenfalls sekundärer Bedeutung. Als Grund gilt, dass traditionelle Politik innermenschliche Irritationen, wie die Furcht vor Tod, vor Gott oder allgemein vor irritierenden Phänomenen nicht beseitigen kann, obgleich dies für das Sicherheitsgefühl der Menschen mindestens ebenso wichtig ist wie der Schutz durch äußere Institutionen. Innere Sicherheit gibt es nach Epikur nur auf Grundlage einer aufgeklärten Haltung gegenüber der Welt.

In *Kyria Doxa* 13 stellt Epikur dies ausdrücklich fest: «Es nützt nichts, eine nur zwischen Menschen geltende Sicherheit herzustellen, wenn die Vorgänge in der Höhe und unter der Erde und überhaupt im Grenzenlosen weiterhin beargwöhnt werden.» (Üb. Kautz)[94] Zwar bleibt Sicherheit von und vor Menschen Ziel menschlichen Handelns, wobei reale Politik, die mit Blick auf Herrschaft und Institutionen den Menschen Sicherheit schaffen will, von Epikur hier nicht als hinreichendes Mittel angesehen

93 Vgl. Fish (2011), 74; 82–87.
94 Vgl. Ep. KD 13.

wird, dieses Ziel zu erreichen. Denn primär muss es um innere Ausgeglichenheit gehen, die allein epikureischer Aufklärung verdankt wird.

Ist diese innere Sicherheit aber erreicht, kann es sogar dazu kommen, dass traditionelle Politik, äußerer Schutz durch Gesetz oder durch eine Stadt letztlich geradezu überflüssig werden, und man kann glücklich in einer ‹Stadt ohne Mauern› leben, wie es bei Philodem heißt,[95] weil man aus aufgeklärtem Eigeninteresse fremdes Interesse zu achten weiß. Dann komme das Leben der Götter zu den Menschen, sei alles voll von Gerechtigkeit und von wechselseitiger Zuneigung (*philallelia*). – Diese Utopie verkündet der Epikureer Diogenes im 2. Jh. n. Chr. auf einer monumentalen Inschrift, die er in einer Kolonnade in der kleinasiatischen Stadt Oinoanda in Lykien im Alter hat aufstellen lassen.[96] Er bietet dem Leser auf einem öffentlichen Platz ein Curriculum epikureischer Lehre und legt ihm nahe, es sich zu eigen zu machen. Didaktisch und rhetorisch geschickt[97] geht es in der Inschrift um Grundlagen epikureischer Physik und Ethik, um Erkenntnistheorie, um Fragen des Alters und sogar persönliche Dinge Epikurs. Der Verfasser der Inschrift sieht die Menschen von der Pest des Unwissens befallen und möchte sie mit Hilfe epikureischer Medizin heilen[98] – dadurch wird der missionarisch philanthropische Charakter der epikureischen Lehre deutlich. Diogenes spricht nicht nur über seine philanthropischen Intentionen, sondern begründet sie auch. Er fühlt sich nämlich dem Ende seines Lebens nahe.

95 Vgl. Philod. De morte col. 37,38 Henry (= Henry 2009).

96 Vgl. Diog. Oen. frg. 3 II 7–8 Smith. Die Inschrift hat eine Länge von mehr als 80 m und eine Höhe der Textpartien von ca. 3,50 m. Bisher sind nur ca. 30 % der gesamten Inschrift gefunden worden; vgl. Smith (2003), 270.

97 Hammerstaedt (2016), bes. 274–277.

98 Vgl. Diog. Oen. frg. 3 IV 5 Smith.

Deshalb möchte er etwas für die Verbesserung der Welt tun, die er in schlechter Verfassung sieht. Da er nicht jeden Menschen persönlich ansprechen und ihm Rat geben kann, hat er beschlossen, sich mit dieser Inschrift als Medizin an die Öffentlichkeit zu wenden.[99]

Die Stelle lässt erkennen, was den Autor zu seiner philanthropischen Haltung veranlasst. Ihn treibt die Erkenntnis, dass es eine Krankheit von Unwissen gibt, die zum Unglück der Menschen beiträgt. Da diese Krankheit allgemein verbreitet ist, hilft keine personalisierte Zuwendung, sondern nur eine allgemeine Bekanntmachung der philosophischen Medizin für alle. Deshalb verlässt Diogenes das epikureische Refugium und tauscht die Muße (*otium*) epikureischer Zurückgezogenheit gegen das öffentliche Engagement (*negotium*), um der ganzen Welt seine Hilfe anzubieten. Grundlage ist ein Verständnis von Politik im Sinne einer epikureischen Aufklärung. Eben das verkündet der Verfasser der Inschrift seinen Lesern aus aller Welt, wie er sagt. Obgleich er sich nicht in die traditionelle Politik einmische – so erklärt er –, verkünde er die Lehre Epikurs ‹als ob er Politik betriebe› (*prattesthai*).[100] Philosophische Aufklärung also als wahre Politik und als Hilfe für alle Menschen in aller Welt (*philanthropos*).[101]

Gewiss, man mag diese Botschaft als utopisch abtun. Doch immerhin verkörperte für sie die reale Person Epikurs als glücklicher und geradezu göttlicher Mensch im realen Leben gleichsam den Beweis, dass das von Epikur versprochen glückliche Leben mit Hilfe seiner Philosophie in der Lebenswirklichkeit auch erreichbar ist. Zudem geht es den Epikureern mit seiner Schilderung eines epikureischen Paradieses weniger um die Realisie-

99 Vgl. Diog. Oen. frg. 3 IV 3–4 Smith.
100 Vgl. Diog. Oen. frg. 3 I 1–3 Smith.
101 Vgl. Diog. Oen. frg. 2 III 1; frg 3 V 6 ff. Smith.

rung seines Ideals in der Zukunft. Denn eine utopische Vision für die Zukunft kann schon in der Gegenwart motivieren, wie bereits Lukrez wusste: Visualisierung, Erwartung und Vorbedacht zukünftig guter Ereignisse (*praemeditio futurorum bonorum*) können das Handeln der Rezipienten in ihrer jeweiligen Gegenwart inspirieren und motivieren.[102] Das gilt auch für Diogenes' Utopie. Schon die Vorstellung eines plausiblen Ideals für die Zukunft kann in der Gegenwart positiv Kräfte entwickeln. So kann schon das Bewusstsein, dass man einen Freund hat, der in einem zukünftigen Notfall ohne Zweifel helfen würde, schon in der Gegenwart zu Glück und innerer Sicherheit beitragen, auch wenn es die Hilfe noch gar nicht gibt.

Wieder ist deutlich, dass ein Epikureer wie Diogenes traditionelle Politik zwar generell ablehnen, sie unter Umständen aber doch akzeptabel, ja glücksfördernd finden, z. B. unter der Bedingung, dass man unter Politik auch praktische Belehrung in epikureischer Philosophie und Fürsorge für die eigene innere Disposition, aber auch derjenigen der Mitmenschen versteht. Das ist kein Widerspruch und nicht die Folge opportunistischer Anpassung, sondern Resultat *nüchternen Abwägens.*

Es sind immer wieder die Umstände, die entscheiden, ob und wann man Tätigkeiten nachgehen soll, die für sich genommen als negativ angesehen werden, die unter Umständen aber doch als glückzuträglich befürwortet werden können. Dies wird von Epikureer immer wieder durchdacht, z. B. bei lebenspraktischen Fragen wie derjenigen, ob man heiraten soll. Epikurs Position scheint hier eindeutig – er findet, dass man nicht heiraten soll. Gleichwohl gibt es auch den Hinweis, ein weiser Mann könne unter bestimmten Umständen (*kata peristasin*)[103] dennoch

102 Vgl. Erler (2025).
103 Vgl. Diog. Laert. 10,121b; dazu Wigodsky (1995), 61–2. Fish (2011), 92 f.

heiraten. Solche Konditionierungen absoluter Aussagen Epikurs finden sich auch sonst, z. B. wenn es um die Frage geht, welche Lebensweise für einen Epikureer allgemein angemessen ist. In einer Schrift mit dem Titel *De oeconomia* macht Philodem deutlich,[104] dass der erste Rang zwar dem Leben eines Philosophen in Gemeinschaft mit philosophischen Freuden zukommt, wie es Epikur in seinem Garten pflegte. Doch wird überraschend als zweitbestes das Leben eines Farmers empfohlen, der in der Lage ist, andere die Arbeit tun zu lassen und deshalb seine Muße nicht Politik,[105] sondern Freunden und philosophischen Gesprächen widmen kann. Auch führt rationales Abwägen zu Alternativen zu dem, was Epikur als Ideal propagiert. Auch in diesem Fall handelte es sich nicht um einen Widerspruch, sondern um das Ergebnis eines Abwägungsprozesses, der zudem die jeweiligen gesellschaftlichen Kontexte wie z. B. die in Rom gepflegte Wertschätzung des öffentlichen Engagements (*negotium*) gegenüber der privaten Muße (*otium*) im Blick hat.[106] Zugleich wird auf diese Weise bedeutenden, am Epikureismus interessierten Römern wie z. B. jenem Piso Caesoninus, Schwiegervater Caesars, Gastgeber seines Hauslehrers Philodem und Besitzer der in Herculanum in seiner Villa gefundenen Bibliothek epikureischer Werke erklärt, dass und warum die von ihnen im römische Kontext erwartete öffentliche, mit Erwerbsgewinn verbundene Lebensweise mit der von ihm favorisierten epikureischen Lehre verbunden werden kann, ohne dass sie in Widersprüche geraten müssen. Wir haben hier ein weiteres Beispiel für die epikureische *philosophia*

104 Vgl. Jensen (1906); vgl. Asmis (2004).

105 Vgl. Fish (2011), 97.

106 Vgl. die Diskussion über die Rolle von *negotium*, *otium* und *otium cum dignitate* bei Cicero z. B. in *De officiis* 1,150 f. als Hintergrund. Der Otium-Begriff kann epikureische Konnotation haben, vgl. Seneca (epist. 68,10) oder in Horaz' Grosphusode (carm. 2,16), in der Muße mit epikureischen Untertönen gepriesen wird.

explicans vor uns, die im römischen Umfeld – im Sinne einer *ancilla traditi moris* – auch in diesem Bereich die Möglichkeit bieten wollte, zu affirmieren, was man aus Tradition für richtig hielt.

Gewiss, es geht bei derartigen Abwägungen zunächst immer um das jeweils eigene Wohl. Doch sollte das nicht über den philanthropischen Aspekt der Lehre Epikurs hinwegtäuschen.[107] Anders wäre die pädagogische Hinwendung der Epikureer zu den Mitmenschen[108] ebenso unverständlich wie der Umstand, dass Lukrez Epikur als Wohltäter der Menschheit preist.[109] Es ist Philanthropie, die Diogenes seine Inschrift an Menschen aus aller Welt und ihr Wohlergehen richten und ihn auch Briefe mit durchaus privatem Inhalt zur Lektüre anbieten lässt, welche die Zuwendung an anderen belegen und zur Nachahmung animieren sollen. Besonders eindrucksvoll ist ein Brief Epikurs an seine Mutter, der den jungen Philosophen Epikur als fürsorglichen Sohn erkennen lässt, und der die Besorgnis der Mutter über den geistigen Werdegang des Sohnes mildern will. Denn Epikur tröstet sie als junger Philosophiestudent:

> «Stelle Dir im Gegenteil vor, dass wir, indem wir uns Tag für Tag etwas Nützliches neu aneignen (sc. als Student der Philosophie), zu einem höheren Grad der Glückseligkeit voranschreiten. […] Verlasse Dich darauf, liebe Mutter, dass wir im Besitz solcher Güter (sc. der Philosophie) stets Freude empfinden und sei im Hinblick auf das, was wir tun, guten Mutes. Die Geldzuwendungen, die Du mir ständig zukommen lässt, aber spare Dir, beim Zeus. Denn ich wünsche nicht, dass Dir etwas abgeht, damit ich es im Überfluß habe.» (Üb. R. Müller)[110]

107 Vgl. Diog. Laert. 10,10.

108 Vgl. Philodem. De libertate dicendi (Olivieri 1914); Gigante (1983), 55–113.

109 Vgl. Sen. epist. 14,18.

110 Vgl. Ep. Brief an Mutter, vgl. Diog. Oen. frg. 125–126 Smith (Üb. R. Müller 1988, z. T. überholt, 449). Die Echtheit des Briefes ist nicht unumstritten, dazu Gordon (1996), 66–93; skeptisch Smith (2003), 126 f.

Alles dies belegt, dass es den Epikureern nicht um eine rein egoistische Pflege des Selbst geht, sondern dass diese Selbst-Fürsorger die Sorge für den anderen miteinschloss. Das von modernen Utilitaristen wie Bentham, Mill oder Sidgwick mit unterschiedlichen Akzentuierungen propagierte (greatest happiness-principle) Glück für die größte Zahl der Menschen ist bei Epikur angelegt.[111]

111 Long (2020), 74–760.

5. Flexibilität in der Rezeptionsgeschichte des Epikureismus

Diese Bespiele für konditionierte Ansichten Epikurs als Ergebnisse eines nüchternen Abwägens zeigen, dass die epikureische Tradition in der Tat flexibel ist und sich situativ an kulturelle Kontexte anzupassen weiß, wobei sie konsequent an Grundsätzen der Naturphilosophie festhält. Diese Flexibilität der praktischen Philosophie Epikurs hat gewiss zum bemerkenswerten Erfolg seiner Lehre auch in neuen gesellschaftlichen Kontexten wie z. B. in Rom beigetragen[112] und viele Persönlichkeiten, sei es offen, sei es subkutan beeinflusst. Sie werden für Römer wie z. B. Velleius, Gaius Pansa, Piso, Torquatus, Cassius[113] oder sogar Caesar, aber auch für Vergil, dessen Zugehörigkeit zum Epikureer-Kreis in Kampanien durch einen neuen Papyrus jetzt gesichert ist, Epikurs Lehre attraktiv gemacht haben.[114] Kluges Abwägen der Epikureer mit Blick auf die jeweiligen kulturellen Kontexte führte zu einer Konzentration auf einen *Epicurus ethicus*, dem es besonders um Vorgaben für ein glückszuträgliches, moralisches Handeln geht und der mit der Fokussierung auf Ethik im pagen-platonischen philosophischen Curriculum und im christlichen Kontext der Kaiserzeit einflussreich war.

Der römische Epikureer Torquatus sieht in der Tat Übereinstimmungen von Epikurs Lehre mit römischer Tradition.[115] In der frühen Kaiserzeit erkennt der Platoniker Plutarch bei Epikur als

112 Vgl. Erler (2009a).
113 Vgl. Castner (1988).
114 Vgl. Malitz (2012), 93–115. Fish (2011), 91.
115 Vgl. Cic. fin. 1,34–39.

Person positive Züge.[116] Der kaiserzeitliche Platoniker Plutarch ist zwar dezidierter Gegner Epikurs, dokumentiert jedoch in seinen Schriften einen urbanen, bisweilen sogar verständnisvollen Umgang mit Epikur-nahen Freunde, die oft als Gäste von Gesprächen in seinem Haus vorgeführt werden.[117]

5.1 Epicurus ethicus

Dabei wird deutlich, dass auch in diesen Kreisen der oft gepriesene Lebensstil des Epikur gepriesen wird, seiner Ethik Autorität verleiht und selbst kritische Gegner beeindruckte. Das Personal in seinen Dialogen zeigt trotz aller kritischer Haltungen gegenüber Epikurs Haltung zudem, dass die aufklärerischen Tendenzen der epikureischen Lehre auch für städtische Honoratioren attraktiv waren. Ursache war wohl auch, dass Epikurs Lehre zu jenem in der Schule tradierten philosophischen Bildungsgut gehörte, aus dem man für die eigene Lebensplanung schöpfen konnte, ohne sich einem philosophischen System verschreiben zu müssen.[118]

Auch die Bereitschaft der Epikureer selbst, trotz aller Skepsis positive Erklärungen für Traditionelles zu bieten, jene epikureische *philosophia explicans*, konvergiert mit Erwartungen der römischen Gesellschaft an die Philosophie allgemein. Horaz schildert, sein Vater habe ihn nach *Maßgabe der Alten erziehen*, tiefsinnige Fragen ‹was zu wählen was zu meiden sei› aber den Philosophen überlassen wollen. Philosophie solle Dienerin der Tradition sein (*ancilla traditi moris*), soll erklären und rechtfertigen, was an Überliefertem gegeben ist, soll affirmieren und erklären.[119]

116 Vgl. Plut. De frat. am. 16 (Mor. 487d).
117 Vgl. Erler (2020), 516–526.
118 Vgl. Timpe (2000), 55–63. Der Ausdruck ‹sine ira et studio› (Tac. ann. 1,1) spiegelt offenbar epikureische Vorstellungen; Dihle (1971), 27–43.
119 Vgl. Hor. sat. 1,4,105–119.

Auf derartige Konvergenzen konnten die Epikureer dank ihres ‹abwägenden Vernunft und Ihres Kalküls› gerade im Bereich der praktischen Vernunft (*phronesis*) hinweisen. Diese Flexibilität, die nicht Kernthesen ihrer Lehre betraf, wohl aber Akzentuierungen z. B. im Bereich der Ethik setzte und damit Anpassungen an wechselnde – z. B. römische, aber auch christliche – Kontexte erlaubte, war sicherlich für die Fernwirkung von Epikurs oft totgesagter Lehre mitverantwortlich. Epikurs Lehre reagierte nicht nur auf das Umfeld, sondern beeinflusste dieses auch, wobei unterschiedliche Formen von Rezeptionen im paganen oder christlichen Kontext zu beobachten sind, deren Spektrum von rigoroser Ablehnung bis zu enthusiastischer Zustimmung reicht und Adaptation, Integration durch Umetikettierung, Funktionalisierung bei Dissens oder Rechtfertigung umfasst. Es ist kaum Zufall, dass Epikureer wie Philodem in dem an praktischer Philosophie interessierten römischen Kontext vorrangig Schriften verfassten, die Fragen der Ethik, der Kunst, der Bildung und vor allem Techniken von Wirklichkeitsbewältigung und Selbstformung behandelten. Denn an Physiologie allgemein bestand in Rom zunächst kein vorrangiges Interesse.[120] Lukrez Lehrgedicht *De rerum natura* über epikureische Physiologie wurde deshalb zunächst auch vor allem wegen der herausragenden dichterischen Form gewürdigt. Eine ernsthafte kritische Auseinandersetzung mit epikureischer Physiologie findet sich erst in der späteren Kaiserzeit bei Dionysios aus Alexandria, Bischof und Schüler des Origenes, in einer als Brief an seinen Sohn Timotheus gestalteten Schrift *De natura*,[121] die eine intensive Auseinandersetzung mit epikureischer Atomistik bietet. Er kritisiert Epikurs Lehre von der Zufälligkeit der Weltstruktur, argumentiert für die Existenz eines Schöpfergottes und polemisiert gegen

120 Vgl. Sedley (2010).
121 Vgl. Fleischer (2016), bes. 213–411.

Epikurs Deismus. Dionysios' Argumente sind traditionell, und seine Epikur-Kenntnisse oft oberflächlich. Sie sollten wohl auch als Handreichung für Diskussionen mit Epikureern dienen.

Das Schwergewicht der epikureischen, zumeist auf Papyrusresten überlieferten Schriftstellerei der Zeit des 1. Jh. v. und n. Chr. liegt auf der praktischen Ethik, erweitert um Fragen der Philosophiegeschichte, der Logik und der Ästhetik. Rezipiert wurde also eine Art *Epicurus dimidiatus*, ein auf praktische Ethik reduzierter Epikureismus, was man ebenfalls als Folge klugen rationalen Abwägens mit Blick auf den kulturellen Kontext bewerten kann. Der Hauslehrer Philodem hat dabei gewiss auch die Interessen seines Hausherren Caesoninus Piso im Blick, der aus dem Adel stammte, Konsul 58 v. Chr., Schwiegervater Caesars und politisch sehr aktiv gewesen ist.

Ab dem ersten Jahrhundert v. Chr. lassen sich zwei Stränge in der Rezeption des Epikureismus im römischen und platonisch-christlichen Kontext beobachten: die Ablehnung grundlegender epikureischer Lehren auf der einen Seite, andererseits eine recht positive Würdigung der praktischen Elemente der epikureischen Ethik.

Epikurs Angebot von Techniken für eine vernunftgeleitete Lebensführung wird auch dort geschätzt, wo seine materialistische Physik und Theologie auf scharfe Ablehnung stießen. Offenbar kam das epikureische Verständnis von Philosophie als Lebenshilfe (*philosophia medicans*) und seine Handreichungen für praktische Lebensbewältigung und Wissensaneignung nicht nur dem praktischen Philosophieverständnis der Römer und dem eher diesseitsorientierten Lebensgefühl entgegen.[122] Es blieb von Bedeutung,auch später im jenseitsorientierten Curriculum neuplatonischer Philosophie, als Stufe mentaler und charakterlicher

122 Erler (1997), 541–544.

Vorbereitung für die eigentlich philosophische Belehrung, sozusagen als eine *praeparatio philosophica*. Diogenes Laertios billigt der epikureischen Tradition Kontinuität ins späte 2. und 3. Jh. n. Chr. zu. Gemeinhin werden hierfür ein starre Orthodoxie der Lehre und die geradezu religiöse Verehrung des Meisters der Schule verantwortlich gemacht.[123] Doch sollte man die Fähigkeit der Epikureer, flexibel auf neue Herausforderungen einzugehen, in Rechnung stellen, auch wenn manche wie Cicero offenbar bewusst darauf nicht eingingen.[124] Dies trug zum Einfluss in höchste politische und gesellschaftliche Kreise bei. Diogenes Laertios hat in seinen Lebensbeschreibungen Epikur wie auch Platon ein ganzes Buch (Buch X) gewidmet und lässt sein Werk wie mit einem Schlussstein mit den *Hauptlehrsätzen* Epikurs enden. Die Dame, der er sein Werk widmet, hatte offenbar epikureische Neigungen. Auch sonst fand Epikur Verehrer und Verehrerinnen bis in die höchsten Kreise. Traians Witwe Plotina setzte bei Hadrian durch, dass die epikureische Gemeinde in Athen ihren eigenen Anführer aussuchen und dabei sogar Männer berücksichtigen durfte, die keine Bürger waren. Kaiser Mark Aurel veranlasste die Einrichtung von Lehrstühlen für Philosophie, auch für epikureische Lehre, in Athen.[125] Auch in der sonstigen Literatur registriert man eine bisweilen sogar wohlwollende Rezeption. Die epikureische Konzeption der Philosophie als praktische ethische Therapie, von der erwartet wurde, dass sie bei der praktischen Lebensbewältigung hilft, trug dazu bei, dass seine Lehren zu einem wichtigen Teil der heidnischen philosophischen Tradition in Rom wurden und beeinflusste sogar das Denken christlicher Autoren. Es gibt in der Tat einige Elemente der epikureischen Lehre, die von den Christen als positiv angesehen werden konn-

123 Vgl. Diog. Laert. 10,9–10; Numenios frg. 24 des Places.
124 Vgl. Erler (1992b), bes. 317–322.
125 Vgl. Philostr. soph. 2,2; Lukian. Eun. 3.

ten. Von allen Schulen kamen die Epikureer mit ihrer Pflege der Freundschaft (*philia*) der christlichen Liebe (*agape*) am nächsten. Auch verband Christen und Epikureer ihr gemeinsamer Kampf gegen traditionellen Aberglauben (*superstitio*). Wir finden Epikureer an der Seite der Christen, wenn es um Widerstand gegen falsche Propheten und Orakelfälscher ging.[126] War das Handeln der Epikureer immer schon von einem aufklärerischen Impetus und ihrem Kampf gegen jede Form religiöser Begeisterung getrieben, so wurden die Christen von ihrer Überzeugung geleitet, allein über den richtigen Glauben zu verfügen.

Tatsächlich wurde Epikur von heidnischen und christlichen Gegnern wegen seiner Lebensweise geschätzt. Clemens von Alexandria zum Beispiel würdigte Epikur als Person wegen seines Lebensstils, den er als maßvoll und kontrolliert empfand, ebenso wie Epikurs Forderung, dass jeder Mensch und in jedem Alter philosophieren solle.[127] Seine Wertschätzung ging so weit, dass Clemens von Alexandrien Christus mit Motiven, die er Lukrez' Lob des Epikur in *De rerum natura* entleiht, charakterisiert.

Von besonderem Interesse ist Augustinus, auf den ebenfalls wenigstens Aspekte von Epikurs praktischer Lebensform Eindruck machten. Wie andere Kirchenväter vor ihm betrachtete Augustinus zwar die Philosophie des Epikur nicht als ernstzunehmende philosophische Option, und er verunglimpfte sie wegen ihrer hedonistischen, materialistischen und sensualistischen Ansichten, die Augustinus in Epikur einen *homo carnalis* sehen ließen.[128] Doch bekennt Augustinus, sich wegen ihrer Lebensform beinahe für den Epikureismus entschieden zu haben – wäre da nur nicht die Lehre von der Sterblichkeit der Seele und der

126 Vgl. Lukian. Alex. 17, 25, 61.
127 Ep. epist. Men. 122.
128 Aug. epist. 118,14.

Ablehnung der Providenz Gottes. Augustinus bekennt, allein Epikurs Überzeugung, dass die Seele sterblich sei, habe ihn abgehalten, Epikur die Siegespalme zu geben.[129] Dies habe ihn von Epikurs Diesseitigkeit letztlich abschrecken und dem Jenseitsstreben des Platonismus den Vorzug geben lassen.

Immerhin war die Versuchung durch Epikurs Lehre für Augustinus doch so groß, dass er mit der Möglichkeit spielte, beide Positionen, Unsterblichkeit der Seele und Epikurs diesseitige Lustlehre, könnten verbunden werden. Offenbar hat für Augustinus Epikurs Lehre nach seiner Ablösung von den Manichäern und vor seiner Hinwendung zum Platonismus eine gewisse Rolle gespielt.

Augustinus zeigt also gegenüber Epikur eine ambivalente Haltung, die auch bei anderen christlichen Autoren zu beobachten ist. Die Naturphilosophie Epikurs, seine Leugnung der Unsterblichkeit, seine Lustlehre ließen noch Dante Epikur zwar in den sechsten Kreis der Hölle verbannen. Der gleiche Dante aber drückte in seiner Interpretation der drei Marien am leeren Grab Wertschätzung für Epikurs Ethik aus, wenn er in den drei Marien Allegorien der Akademie, des Peripatos und auch des Kepos erkennt, ihnen zwar nicht Erkenntnis der letzten Wahrheit – dafür steht das leere Grab –, aber doch Weltweisheit zubilligt, wofür der weißgewandeten Jüngling steht.[130]

Dieser Focus auf einen *Epicurus ethicus* erweiterte sich in der Renaissance zu einer Rechtfertigungslehre für zeitgenössische Diesseitigkeit innerhalb eines christlichen Weltbildes. Bei Lorenzo Valla[131] lässt sich in seiner Schrift *Von der Lust oder Vom wahren Guten. De voluptate sive De vero bono* ein Wiederauf-

129 Vgl. Aug. conf. 6,26.
130 Vgl. Dante, Convivio III 14,15.
131 Vgl. Schenkel (2004), dazu Erler/Schönberger (2004).

leben des Epikureismus in der Renaissance beobachten. Dabei wird die oben erwähnte augustinische Hypothese einer Verbindung von einer positiven, epikureisch gefärbten Lebenseinstellung im Diesseits mit der Auferstehung des Leibes zu einem ernstgenommenen Argument für eine Verbindung von Epikureismus und Christentum und für eine Transformierung epikureischer Seelentherapie als christliche praktische Ethik im Diesseits. Dies geschieht freilich um den Preis, dass jene positive diesseitige Perspektive, welche bei Epikur Furcht vor dem Tod verhindern und Lust am Diesseits fördern soll, nun zum Verweis auf entsprechende Freuden im Jenseits wird. Die Physiologie, welche bei Epikur zur Lust am Diesseits entscheidend beiträgt, bleibt ausgeblendet.

Die Wertschätzung Epikurs setzt sich jedenfalls fort: Der bedeutende Platoniker Ficino schreibt epikureische Sprüche an die Wand seines Studierzimmers[132] und veranlasste Raffael, Epikur einen Platz in seiner *Schule von Athen* zuzubilligen. Denn am linken Rand der ‹Schule› befindet sich unten links eine Gruppe von vier Personen um einen bekränzen Mann, die in einem Buch lesen, wobei beachtet werden sollte, dass alle vier Personen für die vier unterschiedliche Lebensalter stehen (vom Kleinkind zum Greis), was als eine Anspielung auf Epikurs Postulat zu Beginn seines *Brief an Menoikeus*[133] zu verstehen ist, wonach Menschen in jedem Lebensalter philosophieren sollen; ein Forderung, die für Epikur ein Alleinstellungsmerkmal ist, wie der oben erwähnte Lobpreis des Clemens Alexandrinus zeigt.[134]

132 Vgl. Erler (2004), 78–90.
133 Vgl. Ep. epist. Men. 122.
134 Vgl. Clem. Al. strom. 4,69,2–4; vgl. Erler (2000), 287–291.

5.2 Epicurus physiologus

Dieses positive Interesse an Epikur praktischer Ethik ist auch für die weitere Rezeption des Epikureismus im 17. und 18. Jh. von Bedeutung (Montaigne, Voltaire, Friedrich der Große), wobei es nun einhergeht mit wachsendem naturphilosophischem Interesse an Epikurs Physiologie. Epikur wandelt sich von einem *Epicurus ethicus* zu einem *Epicurus physiologus christianus*. Ein wesentlicher Impuls hierfür ergab sich aus der Wiederentdeckung von Lukrez' Lehrgedicht *De rerum natura* 1417 durch Poggio und die Erstausgabe im Jahre 1473. Zu einem bislang eher ästhetisch oder ethisch orientierten Interesse am Gedicht *De rerum natura* des Epikureers Lukrez kam nun ein naturwissenschaftliches, für Physiologie und Atomismus aufgeschlossenes Leseinteresse hinzu.

Epikurs Lehre von der Vielheit der Welten war attraktiv in einer Zeit, in der seit Kopernikus ein nicht erdzentriertes Weltbild den Menschen aus dem Zentrum der Welt nahm, darin aber keine Minderung menschlicher Existenz, sondern eine Aufforderung zur Neuorientierung sah. Dabei kam es zu überraschenden und wirkungsmächtigen Allianzen zwischen Epikureismus und Christentum. Pierre Gassendi akzeptiert mit Modifikationen Epikurs Physik als hypothetische Erklärung der Erscheinungswelt. Nicht zuletzt infolge der epikureischen Einflüsse wurde Gassendi Wegbereiter für die moderne Auffassung von Wissenschaft, die Epikurs engen Zusammenhang zwischen Physik und Ethik vollends auflöste.[135] Dass dieses neue Frageinteresse an Epikurs Physiologie erfolgreich war, wird nicht zuletzt durch die heftige Kritik belegt, welche im großen Gedicht *Antilucretius* von De Polignac kulminiert. Newton schätzt Lukrez als antike

135 Vgl. Paganini (2020), 671–710.

Quelle.[136] Im Kontext der neuen Offenheit für die physiologischen Inhalte von Lukrez' Gedicht spiegelt sich jener Wandel an Interesse für epikureische Lehre, die nun nicht mehr nur die Ethik, sondern Epikurs Atomismus betraf. Förderlich für diese Trennung war auch der veränderte Naturbegriff, der den Menschen nicht mehr wie Epikur oder Platon als Teil der Natur verstand, und deshalb in der Naturbetrachtung kein Mittel menschlicher Selbstformung mehr sah.

136 Vgl. Beiträge in Hardie (2020) Mitsis (2020), 635–808.

6. Situatives Abwägen und Polemik durch Dekontextualisierung

Trotz derartiger, zumindest teilweiser Wertschätzung musste sich Epikurs Lehre seit der Gründung der Schule bis in die Spätantike und darüber hinaus immer wieder mit Anfeindungen auseinandersetzen. Epikur gilt als Propagandist bloßer Lustmaximierung, als Materialist und Gegner jedes Kreationismus, als Leugner von Unsterblichkeit und Providenz. Derartige Vorwürfe finden sich im Hellenismus, im römischer Kontext, dann bei Platonikern und im an Einfluss zunehmenden Christentum als polemische Topoi immer wieder und prägen bisweilen heute noch die Auseinandersetzung mit seiner Lehre. Dennoch hat Epikurs Lehre überdauert, obgleich sie schon in der Antike im 3. und 4. Jahrhundert n. Chr. von Kaiser Julian und von Augustinus totgesagt wurde. In der Tat trat sie in der Spätantike in den Hintergrund, spielte aber z. B. im Unterricht durchaus eine Rolle.[137]

Betrachtet man die oftmals polemisch Auseinandersetzung mit der epikureischen Lehre in der Antike, so fällt auf, dass die Differenzierungen, die es innerhalb der epikureischen Tradition infolge eines situativen rationalen Abwägens gab, zumeist ignoriert wurden, obgleich es Anzeichen gibt, dass man sich ihrer bewusst war. Cicero z. B. weiß bei aller Polemik gegen Epikurs Lustlehre, dass für Epikur abwägende Vernunft und das Tugendhafte (*honestum*), nicht nur Lust Leitlinien seines Handelns waren.[138] Das hindert ihn nicht, das populäre Vorurteil zu fördern, dass

137 Vgl. Julian. epist. 89b, 301c (367 n. Chr.); vgl. Timpe (2000), 61 f.

138 Vgl. die Auseinandersetzung mit dem zum Epikureismus konvertierten Cassius, Cic. fam. 15,19; Armstrong (2011), 112–113.

es Epikureern nur um Lustmaximierung geht. Dies unterstellt er z. B. Cassius, der zum Epikureismus übergetreten war,[139] was dieser zu Recht bestreitet, indem er betont, dass Lust und innere Ruhe eng mit Tugendhaftigkeit zusammenhängen. Er beruft sich zudem auf Epikur selbst.[140] Freilich ist er überzeugt, dass Tugendhaftigkeit die Folge einer rationellen Überlegung und Abwägung (*logismos sympherontos*) ist.[141]

Bemerkenswert ist, dass Cicero an anderer Stelle durchaus bestätigt, dass Epikur die These vertrete, dass jemand, der nicht sittsam lebt, nicht angenehm leben könne – aber bezeichnenderweise hinzufügt, dass es ihm eigentlich nicht darum gehe, was Epikur behauptet und was er verneint. Er wolle vielmehr nur fragen, was man folgerichtig behaupten müsse, wenn man – wie Epikur – in der Lust das höchste Gut sieht.[142]

Gegen eine solche Einstellung, die Epikurs Lehre besser zu verstehen behauptet als die Epikureer selbst und dabei Differenzierungen einfach ignoriert, sind Richtigstellungen und Hinweise wirkungslos.[143] Ausführungen über die Epikureer oder Epikurs Lehre sind oft von polemischen Strategien geleitet, die aus der Rhetorik bekannt sind.[144] Besonders ist zu beobachten, dass gegen allgemeine Thesen Epikurs spezifische, situationsbedingte und auf Abwägen basierende, teilweise abweichende Bemerkungen angeführt werden, um auf Widersprüche hinzuweisen, die – wie wir oben gesehen haben – gar nicht existieren.

Zu Ciceros polemischer Strategie z. B. – wie auch anderer Kritiker – gehört es, Aussagen der Epikureer zu dekontextua-

139 Vgl, Cic. fam. 15,18.
140 Vgl. Cic. fam. 15,19,1–3; Armstrong (2011), 112 f.
141 Vgl. Diog. Laert. 10,120.
142 Vgl. Cic. fin. 2,76.
143 Vgl. Erler (1992), 307–322.
144 Vgl. Roskam (2008), 197–231.

lisieren und sie gegen andere Aussagen der Epikureer auszuspielen, die angeblich anderslautend sind, dies aber nur, wenn man die Konditionierungen weglässt. Nur dann gibt es zwischen Epikurs Verbot politischer Tätigkeit und Billigung politischen Engagements einen Widerspruch. Ein solches Vorgehen gehört zu Ciceros polemischer Strategie und trifft auch andere philosophische Schulen, wenn er z.B. radikale Aussagen der Stoa vor Gericht nutzt, um Cato zu desavouieren, der als Inbegriff moralischer Integrität galt. Cicero macht zu diesem Zweck die von vielen als lebensfremd empfundenen Lehrsätze der Stoa für Catos rigide Haltung verantwortlich. Im privaten Kreise hingegen steht Cicero mit Cato nicht nur auf freundschaftlichem Fuße[145] und weiß um Differenzierungen innerhalb der stoischen Lehre, z.B. durch Panaitios, sondern räumt gar ein, dass er in der Öffentlichkeit oder vor Gericht den Vorurteilen der Zuhörer Tribut zollen wolle. Ähnlich geht er mit den Epikureern und deren Differenzierungen innerhalb ihrer Lehre um. Auch ist zu beobachten, dass sich Ciceros Angriffe auf die Epikureer mit der Zeit intensivieren. Zunächst sporadisch, und bisweilen von Nachsicht geprägt wie etwa in *De oratore* oder in *De re publica*, werden sie nach der Schlacht von Pharsalos (48 v.Chr.) mit dem Sieg Caesars intensiver und nehmen zu, wobei die Ablehnung der angeblich apolitischen Haltung der Epikureer merklich in den Vordergrund tritt.

Dies alles ist zu berücksichtigen, will man sich ein ‹neutrales› Bild von der epikureischen Lehre und ihrer Flexibilität auf Grund antiker Quellen, insbesondere Ciceros, machen; für anti-epikureische Polemik ist das Bild einer eher starren epikureischen Dogmatik ergiebiger.

145 Vgl. Cic. fin. 4,74.

Plutarch lässt uns an derartigen Auseinandersetzungen und Diskussionen über das Buch eines Epikureers (*Kolotes*) teilhaben.[146] Dabei wird deutlich, dass Plutarch Epikurs Charakter, seinen Umgang mit seinen Freunden, seine Fähigkeit, alles mit ihnen zu teilen, respektiert. Gleichwohl räumt er ein, dass er bei Diskussionen über epikureische Positionen aus polemischen Gründen Kontexte fortlässt,[147] was verhindert, dass Modifikationen oder Konditionierungen durch die Epikureer und damit ein differenziertes Bild der Tradition berücksichtigt werden. Plutarch bietet beispielsweise eine radikale Lesart von Epikurs berühmter Maxime ‹Lebe in der Verborgenheit› (*lathe biosas*), die seiner polemischen Intention an diese Stelle dient. Dieser Umgang mit Epikurs Aussagen lässt Diskussionen ein angemessene Würdigung Epikurs nicht zu. Wie viele andere Autoren, die über Epikureisches nachdenken, ist Plutarch eher an einer Verteidigung oder Legitimierung seiner eigenen Positionen als an einer differenzierenden Würdigung interessiert, welche eine Flexibilität der Lehre in Rechnung stellt.

Freilich gibt es auch warnende Wortmeldungen, die darauf hinweisen, dass diese Vorgehensweisen nicht zu einer gerechten Würdigung von Epikurs Lehre führen. Erwähnt sei hier eine gewichtige, spätere Stimme aus einem politischen Kontext. Thomas Jefferson, der bedeutende ‹founding father› und maßgeblichen Mitverfasser der Konstitution der Vereinigten Staaten von Amerika, erweist sich nicht nur als sehr vertraut mit epikureischer Lehre – die berühmte Vorgabe *pursuit of happiness* dieser Verfassung hat einen durchaus epikureischen Ton. In einem Brief

146 Plutarchs Schrift *Gegen Colotes* (*Adversus Colotem*) und die Folgeschrift *Man kann gemäß Epikur nicht angenehm leben (Non posse suaviter vivi secundum Epicurum)* geben Einblicke, wie Plutarch und seine Freunde sich mit Epikurs Lehre in einer Diskussion über die Schrift des Kolotes auseinandersetzten; Erler (2020b), 518–521.

147 Vgl. Plut. Adv. Col. 1108d.

an Charles Thomson vom 9. Januar 1816 schreibt er, dass er die Lehren Epikurs schätze, die – ungeachtet der «Verleumdungen» der Stoiker und der «Karikaturen» Ciceros, wie er sagt – das «vernünftigste System» (*the most rational system*) der antiken Philosophie bildeten und die nach seiner Ansicht den rivalisierenden Strömungen jener Zeit in Bezug auf «Genügsamkeit» und «Tugendhaftigkeit» in keiner Weise nachstünden.[148] In der Tat verlangt Epikur Askese, dies aber nicht im Sinne eines radikalen Verzichts, sondern im Sinne eines klugen Auswählens, im Sinne von Übung, und als kalkuliertes Tauschgeschäft, wie wir es als Grundlage einer rationalen Lebensform herausgestellt haben. Jeffersons Bemerkung über Genügsamkeit lässt erkennen, dass er sich von Polemik freizuhalten möchte, der sich Epikur immer erwehren musste.

148 Thomas Jefferson to Charles Thomson, 9 January 1816; zu Th. Jefferson und Epikur vgl. Richard (2020), 729–741.

7. Schluss: Epikurs Zuversicht

Stellt man also die oftmals polemischen Strategien unsere Quellen für Aussagen der Epikureer in Rechnung, das ist es wenig verwunderlich, dass sich aus ihnen ein eher starr-dogmatisches Bild der Lehre Epikurs bietet. Doch wie gezeigt werden sollte, wird dies einem wichtigen Merkmal von Epikurs Lehre nicht gerecht, die sich nicht zuletzt auch durch Flexibilität und Offenheit auszeichnet, welche mitverantwortlich für den beachtlichen Erfolg dieser Lehre in der Antike gemacht werden dürfen. Diese Flexibilität ist zudem kennzeichnend für die Zuversicht von Epikurs Lehre, wenn sie sich mit den Herausforderungen der Lebenswelt auseinandersetzen möchte, um eigenes Glück und das anderer zu fördern. Die Fähigkeit, den Gegebenheiten der Lebenswirklichkeit auch dann positive Aspekte abgewinnen zu können (*philosophia explicans*), wenn sie zunächst wenig zum Glück der Epikureer beizutragen scheinen, ist ein wichtiges Vademecum epikureischer *philosophia medicans*. Als grundlegendes hermeneutisches Hilfsmittel für den Umgang mit den Herausforderungen der Lebenswirklichkeit erweist sich das von Epikur für jede Lebenssituation geforderte ‹*nüchterne Abwägen*›. Dieses Lust- oder Schmerzkalkül setzt eine Offenheit für und zugleich kritische Distanz zur Welt voraus. Es erklärt, warum sich manches, das zunächst negativ scheint, unter bestimmten Bedingungen doch als zuträglich für das Glück erweisen kann. Epikurs Angebot, Lebenswirklichkeit rational, offen, flexibel und explizierend zu begegnen, mag vielleicht sogar uns heute noch ansprechen.

Mit seinem Appell zu rational-nüchternem Abwägen reagierte Epikur auf gesellschaftliche, politische und kulturelle Umbrüche und auf die damit verbundene Unsicherheit und Orientierungssuche. Alles dies dürfte auch uns heute, in einer Zeit, in der ebenfalls vieles infrage zu stehen scheint, was bisher als sicher galt, nicht unbekannt sein. Deshalb mag es angemessen scheinen, in dieser Situation auch auf eine Stimme aus der Antike hinzuweisen, der es nicht um Resignation, Abschottung und Furcht, sondern um Weltoffenheit, kritisch-rationale Analyse und vor allem Zuversicht als Grundlage einer eigenen Lebensform geht. Epikur steht in der Tat – und hier hat J. Burckhardt Recht – für eine innere Freiheit, die eine souverän-distanzierte Bewertung der Lebenswelt und damit nach seiner Ansicht ein erfülltes, d. h. glückliches Leben gewährleistet. Epikur lebte diese Freiheit vor und erwartete sie auch von anderen. Dies kommt in seiner Forderung zum Ausdruck, man müsse philosophieren und man müsse lachen. Ein solches Lachen – so erklärt sein Schüler Metrodor – mache den wirklich freien Menschen aus.[149] Ich finde, dieses befreite und befreiende Lachen wäre auch uns heute öfter zu wünschen.

149 Vgl. Metrodor bei Plut. Adv. Col. 1127c.

Literatur

Allen, Reginald E. (1991): The Dialogues of Plato. Vol. 2: The Symposium, New Haven.

Angeli, Anna (1988): Filodemo, Agli amici di scuola (PHerc. 1005), Napoli.

Armstrong, David (2011): «Epicurean virtues, Epicurean friendship: Cicero vs the Herculaneum papyri», in: Fish, Jeffrey/Sanders, Kirk R. (Hgg.): Epicurus and the Epicurean Tradition, Cambridge, 105–128.

Arrighetti, Graziano (2013): «Forme della comunicazione in Epicuro», in: Erler, Michael/Hessler, Jan E. (Hgg.): Argument und Literarische Form in antiker Philosophie, Berlin et al., 315–337.

Arrighetti, Graziano (1960, 2. Aufl. 1973): Epicuro. Opere. Torino.

Asmis, Elisabeth (1991): «Philodemus' Poetic Theory and On the Good King According to Homer», in: Classical Antiquity, 10, 1–45.

Asmis, Elizabeth (1995): «Epicurean Poetics», in: Obbink, Dirk (Hg.): Philodemus and Poetry: Poetic Theory and Practice in Lucretius, Philodemus, and Horace, Oxford, 15–34.

Asmis, Elisabeth (2004): «Epicurean Economics», in: Fitzgerald, John T. (Hg.): Philodemus and the New Testament World, Leiden, 133–176.

Baltes, Matthias (2005): «Nachfolge Epikurs: Imitatio Epicuri», in: Baltes, M./Lakmann, Marie-Luise (Hgg.): ΕΠΙΝΟΗΜΑΤΑ: Kleine Schriften zur antiken Philosophie und homerischen Dichtung, München, 111–133.

Bentham, Jeremy (1970): An Introduction to the Principles of Morals and Legislation, hg. von J. H. Burns und H. L. A. Hart, Oxford.

Brown, Eric (2009): «Politics and Society», in: Warren, James (Hg): The Cambridge Companion to Epicureanism, Cambridge, 179–196.

Brunschwig, Jacques (1986): «The Cradle Argument in Epicureanism and Stoicism», in: Schofield, Malcolm/Striker, Gisela (Hgg.): The Norms of Nature: Studies in Hellenistic Ethics, Cambridge, 113–144.

Burckhardt, Jakob (1957): Gesammelte Werke, Bd. VII: Griechische Culturgeschichte III, Basel/Stuttgart.

Burckhardt, Jakob (1957): Gesammelte Werke, Bd. VIII: Griechische Culturgeschichte IV, Basel/Stuttgart.

des Places, Édouard (1973) (Hg.): Numénius: Fragments. Paris.

Dihle, Albrecht (1971): «Sine ira et studio», in: Rheinisches Museum 114, 27–43.

Donner, Johann Jakob (1958): Euripides. Sämtliche Tragödien in zwei Bänden. Nach der Übersetzung von Johann Jakob Donner bearbeitet von Richard Kannicht, Bd. 2, Stuttgart.

Dorandi, Tiziano (1982): Filodemo. Il buon re secondo Omero, Neapel.

Erler, Michael/von Ungern-Sternberg, Jürgen (1987): «Κακὸν γυναῖκες: Griechisches zu der Rede des Metellus Macedonicus ‹De prole augenda›», in: Museum Helveticum 44, 254–256.

Erler, Michael (1992): «Orthodoxie und Anpassung: Philodem, ein Panaitios des Kepos?», in: Museum Helveticum 49, 171–200.

Erler, Michael (1992b): «Cicero und der ‹unorthodoxe› Epikureismus», in: Anregung 38, 307–322.

Erler, Michael (1993): «Philologia medicans: Wie die Epikureer die Schriften ihres Meisters lasen», in: Althoff, Jochen/Kullmann, Wolfgang (Hgg): Vermittlung und Tradierung von Wissen in der griechischen Kultur, Tübingen, 281–303.

Erler, Michael (1994): «Epikur - Die Schule Epikurs - Lukrez», in: Flashar, H. (Hg.): Grundriss der Geschichte der Philosophie: Die Philosophie der Antike, Vol. 4: Die hellenistische Philosophie, Basel, 29–490.

Erler, Michael (1997): «Römische Philosophie», in: Graf, F. (Hg.): Einleitung in die lateinische Philologie, Stuttgart/Leipzig, 537–593.

Erler, Michael (1999): «Hellenistische Philosophie als ‹praeparatio Platonica› in der Spätantike (am Beispiel von Boethius' ‹consolatio philosophiae›)», in: Fuhrer, Therese/Erler, Michael (Hgg.): Zur Rezeption der hellenistischen Ethik in der Philosophie der Spätantike, Stuttgart, 105–122.

Erler, Michael (2002): «Epicurus as deus mortalis: homoiosis theoi and Epicurean Self-Cultivation», in: Frede, Dorothea/Laks, André (Hgg.): Traditions of Theology: Studies in Hellenistic Theology, its Background and Aftermath, Boston (MA), 159–181.

Erler, Michael (2006): «Interpretatio medicans: Zur epikureischen Rückgewinnung der Literatur im philosophischen Kontext», in: Van Ackeren, Marcel/Müller, Jörn (Hgg.): Antike Philosophie verstehen, Darmstadt, 243–256.

Erler, Michael (2008): «Utopie und Realität: Epikureische Legitimation von Herrschaftsformen», in: Baier, Thomas (Hg.): Die Legitimation der Einzelherrschaft im Kontext der Generationenthematik, Berlin/New York, 39–54.

Erler Michael (2009): «Kontinuität in Diskontinuität. Strategien der Selbstpflege bei Platon und im Epikureismus», in: Radke-Uhlmann, Gydburg/Schmitt, Arbogast (Hgg.): Philosophie im Umbruch. Der Bruch mit dem Aristotelismus im Hellenismus und im späten Mittelalter – seine Bedeutung für die Entstehung eines epochalen Gegensatzbewusstseins von Antike und Moderne, Stuttgart, 35–49.

Erler, Michael (2009a): «Epicureanism in the Roman Empire», in: Warren, J. (Hg.): The Cambridge Companion to Epicureanism, Cambridge, 46–64.

Erler, Michael (2009b), «Epikureismus als Orakelphilosophie. Orakel und Mantik in der hellenistischen Philosophie», in: Witte, M./Diehl, J. F. (Hgg.): Orakel und Gebete, Tübingen, 53–66.

Erler, Michael (2011): «Autodidact and Student: On the Relationship of Authority and Autonomy in Epicurus and the Epicurean Tradition», in: Fish, Jeffrey/Sanders, Kirk R. (Hgg.): Epicurus and the Epicurean Tradition, Cambridge, 9–28.

Erler, Michael (2018): «Glück aus Tugend durch Übung ohne Philosophie? Platons Übungsbegriff zwischen Sophistik und hellenistischer Philosophie», in: Renger, A.-B./Stellmacher, A. (Hgg.): Übungswissen in Religion und Philosophie. Produktion, Weitergabe, Wandel, Berlin, 21–33.

Erler, Michael (2020): «Educational Travels and Epicurean Prokoptontes: Vergil's Aeneas as an Epicurean Telemachus», in: Liatsi, Maria (Hg.): Ethics in Ancient Greek Literature. Aspects of Ethical Reasoning from Homer to Aristotle and beyond, Berlin/Boston, 193–205.

Erler, Michael (2020b): «Plutarch», in: Mitsis, Phillip (Hg.): Oxford Handbook of Epicurus and Epicureanism, Oxford, 507–530.

Erler, Michael (2020c): Sokrates in der Höhle. Aspekte praktischer Ethik im Platonismus der Kaiserzeit (Tria Corda. Jenaer Vorlesungen zu Judentum, Antike und Christentum, Bd. 12), Tübingen.

Erler Michael (2021): «‹Sind Wein und Wasser nicht friedfertig brüderliche Elemente?› (Nietzsche) – Wasser als Ressource für den Geist», in: Delp, D./Herren, X. (Hgg.): TextRessourcen. Agrarische, soziale und poetische Ressourcen in archaischer und hellenistischer Zeit, Hildesheim/Zürich/New York, 169–187.

Erler, Michael (2022): «Sokrates und der *kairos* oder Wie packe ich die Gelegenheit beim Schopf?», in: Assmann, Aleida/Dörpinghaus, Andreas (Hgg.): Ausgesetzte Zeiten. Nachdenken über den Lauf der Dinge, Darmstadt, 104–114.

Erler, Michael (2024): «Socrates and the Weakness of the Strong Man: Plato's Polemic against Populisms in the Gorgias 214», in: Machek, David/Mikeš, Vladimir (Hgg.): Plato's Gorgias. Speech, Soul and Politics, Leiden, 214–230.

Erler, Michael (2025, im Druck): Anxiety about the future? Epicurean promises for the future and the therapeutical function of time, Leiden.

Erler, Michael (2025b, im Druck): Warum alte Texte lesen? Antike, ‹Interpretatio medicans› und moderne Philologiekritik, Heidelberg.

Essler, Holger (2011): Glückselig und unsterblich: Epikureische Theologie bei Cicero und Philodem, Basel.

Fleischer, Kilian (2016): Dionysios von Alexandria. De natura, Turnhout.

Fleischer, Kilian (2022): Die Papyri Herkulaneums im Digitalen Zeitalter, Berlin/Boston.

Furley, David (1978): «Lucretius the Epicurean: On the history of man», in: Gigon, Olof (Hg.): Lucrece, Vandœuvres, 75–91.

Gigante, Marcello (1975): «‹Philosophia medicans› in Filodemo», in: Cronache Ercolanesi 5, 53–61.

Gordon, Pamela (1996): Epicurus in Lycia. The Second-Century World of Diogenes of Oenoanda, Ann Arbor, Mich.

Hammerstaedt, Jürgen (2016): «Strategien der philosophischen Darstellung für ein Laienpublikum in der Inschrift des Diogenes von Oinoanda», in: Männlein-Robert, Irmgard/Rother, Wolfgang/Schorn, Stephan/Tornau, Christian (Hgg.): Philosophus orator, Basel, 259–277.

Hardie, Philip (2020): «Lucretius in Late Antique Poetry: Paulinus of Nola, Claudian, Prudentius», in: Hardie, Philip. R./Prosperi, Valentina/Zucca, Diego (Hgg.): Lucretius. Poet and Philosopher. Background and Fortunes of «De Rerum Natura», Berlin/Boston.

Henry, W. Benjamin (2009): Philodemus. On Death, Atlanta (GA).

Heßler, Jan. E. (2014): Epikur, Brief an Menoikeus. Edition, Übersetzung, Einleitung und Kommentar, Basel.

Jensen, Christian C. (1906): Philodemi Περὶ οἰκονομίας qui dicitur libellus, Leipzig.

Jonas, Hans (1954): Gnosis und spätantiker Geist, Bd. 1: Die mythologische Gnosis, Göttingen (2. Aufl.).

Kannicht, Richard (1974): «Philologia perennis?», in: ATTEMPTO 39/40, 1971, 46–56, erneut mit einem ‹Nachwort 1973› in: Nickel, Rainer (Hg.): Didaktik des Altsprachlichen Unterrichts, Darmstadt, 353–85.

Kechagia, Eleni (2011): Plutarch against Colotes. A Lesson in History of Philosophy, Oxford.

Konstan, David (2007): Phildoemus, On frank criticism. Introduction translation, and notes by Konstan, David, Atlanta.

Krautz, Hans-Wolfgang (1980): Epikur. Briefe. Sprüche. Werkfragmente, Gr./dt. übersetzt und hg. von Hans-Wolfgang Krautz, Stuttgart.

Leone, Giuliana (1984): «Epicuro ‹Della natura› libro XIV», in: Cronache Ercolanesi 14, 17–107.

Leone, Giuliana (2012): Epicuro: Sulla natura libro II, Neapel.

Long, Anthony. A. (1986): «Pleasure and Social Utility: The Virtues of being Epicurean», in: Flashar, Hellmut/Kidd, Ian G. (Hgg.): Aspects de la Philosophie Hellénistique, Vandœuvres, 283–324.

Malitz, Jürgen (2012): «Tranquillitas und Ambition: Römische Epikureer im 1. Jahrhundert v. Chr.», in: Chiai, G. F. (Hg.): Athen, Rom, Jerusalem: Normentransfers in der antiken Welt, Regensburg, 93–115.

Martha, Constant (1896): Le poème de Lucrèce: Morale – Religion – Science, Paris.

Martin, Josef (1972): Titus Lucretius Carus: Über die Natur der Dinge. Lateinisch/deutsch hg. und übers. von Josef Martin, Berlin.

McOsker, Michael (2023): «Demetrius Laco's Textual and Exegetical Defense of Epiucurus», in: Erler, Michael/Heßler, Jan E./Petrucci, Federico M. (Hgg.): Authority and Authoritative Texts in the Epicurean Tradition, Basel, 119–140.

Müller, Reimar (1988): «Diogenes von Oinoanda», in: Jürß, Fritz/Müller, Reimar/Schmidt, Ernst Günther (Hgg.): Griechische Atomisten. Texte und Kommentare zum materialistischen Denken der Antike, 3. Aufl., Leipzig.

Osler, Margaret J. (2003): «Early Modern Uses of Hellenistic Philosophy. Gassendi's Epicurean Project», in: Miller, Jon/Inwood, Brad (Hgg.): Hellenistic and Early Modern Philosophy, Cambridge.

Obbink, Dirk (1995): «How to Read Poetry about Gods», in: Obbink, Dirk (Hg.): Philodemus and Poetry: Poetic Theory and Practice in Lucretius, Philodemus, and Horace, New York/Oxford, 189–209.

Olivieri, Alexander (1914): Philodemi, Περὶ παρρησίας libellus, edidit Alexander Olivieri, Lipsiae.

Paganini, Gianni (2020): «Gassendi and Hobbes on Psychology, Ethics, and Politics», in: Mitsis, Phillip (Hg.): The Oxford Handbook of Epicurus and Epicureanism, Oxford, 671–710.

Roskam, Geert (2008): «Arguments as boxing gloves. Ethics of philosophical polemics in Middle Platonism», in: Les Études classiques 76, 197–231.

Schenkel, Peter Michael (2004): Lorenzo Valla, Von der Lust oder Vom wahren Guten/De voluptate sive De vero bono, München.

Schmid, Wolfgang (1976): «Lukrez und der Wandel seines Bildes. Betrachtungen zur 2000. Wiederkehr von Lukrezens Todestag (1946)», in: Maurach, Gregor (Hg.): Römische Philosophie, Darmstadt, 37–83.

Schönberger, Otto/Schönberger, Eva (2004): Lorenzo Valla, Vom wahren und falschen Guten. Eingeleitet von Michael Erler, hg. von Otto und Eva Schönberger, Würzburg.

Sedley, David (2010): «The status of physics in Lucretius. Philodemus and Cicero», in: Antoni, Agathe/Arrighetti, Graziano/Bertagna,

M. Isabella/Delattre, Daniel (Hgg.): Miscellanea Papyrologica Herculanensia, Bd. I, Pisa, 65–68.
Smith, Martin F. (1993): Diogenes of Oenoanda: The Epicurean Inscription, Neapel.
Smith, Martin F. (2003): Supplement to Diogenes of Oinoanda, Neapel.
Spengler, Oswald (1981, zuerst 1924): Der Untergang des Abendlandes. Umrisse einer Morphologie der Weltgeschichte, Stuttgart/Hamburg/München.
Timpe, Dieter (2000): «Der Epikureismus in der römischen Gesellschaft der Kaiserzeit», in: Erler, Michael (Hg.): Epikureismus in der späten Republik und der Kaiserzeit, Würzburg, 42–63.
Timpe, Dieter (2006): «Burckhardt und die Dekadenz», in: Burckhardt, Leonhard/Gehrke, Hans-Joachim (Hgg.): Jacob Burckhardt und die Griechen, Basel, 139–188.
Treu, Kurt/Treu, Ursula (1980): Menander-Herondas. Werke in einem Band. Aus dem Griechischen übertragen von Kurt und Ursula Treu, Berlin/Weimar.
Tsouna, Voula (2007): The Ethics of Philodemus, Oxford.
Tsouna, Voula (2012): Philodemus, On Property Management. Atlanta (GA).
Usener, Hermann (1887): Epicurea, Leipzig.
Walter, Uwe (2006): «Individualität und Freiheit in J. Burckhardt, Griechische Culturgeschichte», in: Burckhardt, Leonhard/Gehrke, Hans-Joachim (Hgg.): Jacob Burckhardt und die Griechen, Basel, 93–111.
Warren, James (2009) (Hg.): The Cambridge Companion to Epicureanism, Cambridge.
Wigodsky, Michael (1995): «The Alleged Impossibility of Philosophical Poetry», in: Obbink, Dirk (Hg.): Philodemus and Poetry, Oxford, 58–68.

Das Signet des Schwabe Verlags ist die Druckermarke der 1488 in Basel gegründeten Offizin Petri, des Ursprungs des heutigen Verlagshauses. Das Signet verweist auf die Anfänge des Buchdrucks und stammt aus dem Umkreis von Hans Holbein. Es illustriert die Bibelstelle Jeremia 23,29: «Ist mein Wort nicht wie Feuer, spricht der Herr, und wie ein Hammer, der Felsen zerschmeisst?»